永江誠司

アドラー珠玉の教え

自分の人生を最高に生きる77のヒント

講談社+α《プラスアルファ》新書

はじめに——人の悩みは、すべて対人関係の悩みである

精神医学者で心理学者のアルフレッド・アドラーの教えとはどのようなものなのか。それが、なぜ現代に生きる多くの人たちに支持されているのか。アドラーの教えは、なぜ私たちの心に響き、啓発し、そして生きていく力を与えてくれるのか。この本は、アドラーの教えの核になる七つのキーワードを取り上げ、それに関わるアドラーの言葉を引用して、これらの疑問に答えていくことを目的としている。

アドラーの教えは、人と人、人と社会との関わりを重視しており、人の持つ社会性、言い換えれば対人関係能力を特に大切にしている。人は一人で生きているのではなく、他者との関わりのなかで生きていることを、アドラーは「人は、ただ社会的な、そして対人関係的な関わりのなかにおいてのみ人となる」といっている。さらに、「人の悩みは、すべて対人関係の悩みである」ともいっている。

人の成長にとって、社会的な対人関係が重要であることを示す言葉といえるし、さらに対

人関係能力が人としての成長に大きな影響を及ぼすものであることを示す言葉ともいえる。人の心とその成長を「社会」との関係のなかで見ていく。ここに、アドラーの教えの原点がある。

現代社会では、人相互のつながりが希薄になり、人との信頼関係を持つことが難しくなっている。このことは、人の社会力が低下していることを示している。

社会力とは、心理学的にいえば「人が人との関係を持つことができること」を意味しており、対人関係能力がほぼそれに当たる。人の心を読みとることがうまくできない、人が何を考えているのか、またどうしてほしいと望んでいるのかよくわからない。すなわち、人と共感し合う関係、そして人と信頼し合う関係をうまく作れないという社会力の低下が、現代人の持つ大きな課題だといえる。

信頼のない人間関係は、実に不安定でもろいものである。信頼は、すべての人間関係の基盤となるものだ。

人との関わりが希薄になり、信頼関係が損なわれると、それだけ生活実感を持って暮らすことが難しくなる。そうなると、ものを考える力、判断する力、そして自分をコントロールし人に共感する力も育っていかない。

アドラーの教えは、人が人のなかで生きていくときに、そしてそのなかでさまざまな困難に遭遇するときに、どのような考え方や生き方をしていけばよいのか、どのように課題に取り組んでいけばよいのか、そしてそこにはどのような支援が必要なのかということをシンプルに、そして具体的に示してくれる。アドラーの教えを指針として課題に取り組めば、自分の判断で自らの考え方や生き方、そして取り組むべき課題を決定していくことができるようになるのだ。

この本では、「劣等感」「目的論」「自己決定性」「共同体感覚」「ライフスタイル」「ライフタスク」、そして「勇気づけ」の七つのキーワードを取り上げ、それに関わるアドラーの言葉を七七個引用して、その教えをわかりやすく解説していく。そして、そこから自分の人生を最高に生きるアドラーの教えの秘密を明らかにしていこうと思う。

「人生の幸せ」は、アドラーの教えが目標とする鍵の概念である。「人生の幸せは、自分で努力して身に付けた能力を社会のなかで発揮し、かつそのことが人や社会のためになっていると感じられたときに得られるものだ」とアドラーは考えている。

すなわち、人の幸福は他の人を幸せにすることのなかにあり、そのためにも人は努力して能力を獲得し、それを自分のため、そして他の人のために発揮することが大切なのだ。この場合、他の人とは世の中の多くの人であってもよいし、特定の一人であってもよい。自分の能力を発揮して、他の人のためになることをすることで、それが自分の幸福として還《かえ》ってくる。「情けは人の為ならず」というが、人の幸福が自分の幸福として還ってくる。この構図が、アドラーの幸福の原理にも働いているのである。

以上の目的のために、この本では次の三点に特に留意してアドラーの教えを伝えていく。

①アドラーの言葉を引用し、「このキーワードについてアドラーはこういっている」ということを、アドラーの意を解して紹介する。

②アドラーの言葉について、「それは、このようなことを意味している」と、アドラー自身の言葉でわかりやすく解説する。アドラーの著作の原本からの直接的な引用だけでは、その意味するところを理解するのが難しいことがある。そこで、その言葉の意味するところをアドラー自身の言葉を使って噛《か》み砕《くだ》き解説する。

③アドラーの言葉は「私たちをこのように啓発する」という点について、事例を示していく。アドラーの教えは自分の抱えている心の問題を明らかにし、それにどう対処したらよいかについて基本的な方法を示してくれる。アドラーの教えが、自己啓発と自己変革にどのような効力を持っているのか、それについて具体的に示していく。

なお、ほとんどの内容をアドラー自身の言葉として紹介し解説しているが、その教えをよりよく理解するために、一部に彼の考え方を言葉として意訳しているところ、アドラーの教えに影響を受けた人の考え方を言葉として表現し紹介しているところがある。また、現代心理学の研究例や著名人の言葉などを取り上げ挿入しているところもある。あらかじめ、お断りしておきたい。

読者の皆さんがアドラーの教えを理解し、「どうすれば自分の人生を最高に生きることができるのか」、自分自身でその答えを見つけ出せるようになることが、この本の目指す最終的な目標である。

目次◉アドラー珠玉の教え　自分の人生を最高に生きる77のヒント

第二章　目的論――はじめに目的ありき

第三章　自己決定性――自分の人生は自分が決める

第四章　共同体感覚――人のために何ができるか

第五章　ライフスタイル――自分らしい生き方を

序章　アルフレッド・アドラー——その人と心理学

◆フロイトの講義は受けずに

アドラー心理学（個人心理学）の創設者アルフレッド・アドラーとは、どのような人だったのだろうか。その教えの原点、あるいは背景になっているものを理解するために、彼の生い立ちや人となりを見ておこう。

アドラーは、一八七〇年にオーストリアのウィーン郊外にあるルドルフスハイムで、ユダヤ系の両親のもと七人兄弟の第二子として生まれている（図表1）。

父は中産階級の商人で、母は専業主婦であった。幼い頃のアドラーは、くる病と声門収縮による呼吸困難の発作に苦しむ虚弱で繊細な子どもで、四歳のときに弟が亡くなったことも重なって、早くから将来は医師になることを決心したといわれている。母親は、病弱であったアドラーを甘やかしがちに育てたが、父親の自立的な考えや態度は、アドラーの人生に終生影響を及ぼしたと見られている。

アドラーは、自分の幼年時代を次のように述懐している。

「思い出す限り、私はいつも友人や仲間に囲まれていた。だいたいにおいて私は友だちに大いに好かれた。このような友だちは途切れることなく次々にできた。私が人との協力が必要であることを理解するようになったのは、おそらく他の人と結びついているという、この感

図表1　アドラーの略歴

1870年	オーストリアのウィーン郊外にあるルドルフスハイムに生まれる
1888年	ウィーン大学医学部に入学（18歳）
1895年	医学博士の学位を取得（25歳）
1897年	ロシア系ユダヤ人のライザ・エプスタインと結婚（27歳）
1902年	精神分析学者ジークムント・フロイトの主宰する研究会（心理学水曜会）に参加（32歳）
1910年	ウィーン精神分析学会の会長となる（40歳）
1913年	個人心理学会を設立（43歳）
1914年	第一次世界大戦勃発（44歳）
1916年	従軍医師として参戦（46歳）
1922年	世界最初の児童相談所（クリニック）をウィーンに開設（52歳）
1935年	アメリカに移住（65歳）
1937年	スコットランドのアバディーンで心臓発作のため死亡（享年67歳）

覚によるものだった。これが後に個人心理学の鍵となった主題である」（『アドラーの生涯』金子書房）

アドラー心理学の始まりが、この幼年時代にあることについて心理学者エドワード・ホフマンは注目しているが、「劣等感」「目的論」「自己決定性」「共同体感覚」「ライフスタイル」「ライフタスク」「勇気づけ」といったアドラー心理学の主要なキーワードがどのような背景から生まれたかを理解するうえでも、この幼年時代の述懐は大切な意味を持っている。

大人になってもアドラーのパーソナリティは社交的で、容易に友人を作ることができた。のんびりして優しいアドラーのパーソナリティは、友人を作り、彼らとの共同作業を通してさらに親交を深めるのに役立ち、その対等な関係はアドラー自らの自信と楽観主義的な考え方を獲得するのに役立ったとホフマンは指摘している。

アドラーは、六歳のときに学校に通い始める。あまり優秀な生徒ではなく、中学生のときに数学で落第をしている。教師からは学校を辞めたほうがよいと父親に忠告されるが、父親はそれに同意しなかった。アドラーは、そこから熱心に勉強に取り組むようになり、一八八八年にウィーン大学の医学部に入学し、一八九五年に学位を取得している。

医学生のとき、精神分析学者ジークムント・フロイトがヒステリーの講義を行っていたが、アドラーはその講義を受講していない。卒業後、アドラーは眼科医として勤務するが、その後は神経学と精神医学に関心を持つようになる。

一八九七年に、当時、社会主義に関心を持っていたアドラーは、その勉強会で出会ったロシア系ユダヤ人のライザ・エプスタインと結婚し、四人の子どもをもうけている。ただ、アドラー自身は社会主義運動に身を投ずることはなかった。その関心は、もっぱら心の病を持つ人への治療を通しての社会的自立や子どもの教育などに向けられた。

◆フロイトとユングとの関係

アドラーとフロイトの出会いは、フロイトの主宰する研究会（心理学水曜会）に参加したときであった。一九〇二年のことである。ただ、アドラーは自分がフロイト派だとはまったく思っておらず、また二人の関係も親しいものではなかった。同じく、精神分析学者として著名なカール・グスタフ・ユングとも親しい関係にはなかったといわれている。

アドラーの考えは、その後フロイトのそれとは距離を置くものになり、やがて彼はフロイトのもとから離れていく。一九一〇年、ウィーン精神分析学会の会長になったアドラーが、フロイトの性についての考えを強く批判したことを機に、その関係は決定的なものとなる。アドラーは会長の職を辞して新たに自由精神分析学会を結成し、その後一九一三年に名称を個人心理学会に変え、独自の学派を築いていった。

そして一九一四年には第一次世界大戦が起こり、アドラーは従軍医師として参戦。終戦後にはウィーン市に働きかけ、一九二二年、世界初の児童相談所（クリニック）を開設している。若き日のアドラーの社会主義的関心は、政治の世界ではなく教育の世界に向けられ、それがこの事業に結びついたのである。

この児童相談所は、子どもや親の治療だけでなく、教師や医師など専門職の教育にも活用された。こうした活動を通して、アドラー心理学は次第に洗練され、理論的枠組みと実践的手法を確立していった。

一九三〇年代に入ると次第にナチズムが台頭、ユダヤ人であるアドラーはその迫害を恐れ、一九三五年にアメリカに移住し、ロングアイランド医科大学で教育に携わることになる。その後もアドラーは精力的に活動し、ヨーロッパでも講演活動をしていくのだが、一九三七年にスコットランドのアバディーンで心臓発作のため亡くなる。享年六七歳であった。

◆人を元気にする心理学

アドラーが亡くなった後、アドラー心理学は一時期低調になるが、主としてアメリカに亡命していた弟子たちが、アドラー心理学の再生を成し遂げていく。そのなかで心理学者ルドルフ・ドライカースの貢献は、特に大きいものであった。

ドライカースは、アドラー心理学の理論とその鍵概念《かぎがいねん》を体系的にまとめて公表、さらにアドラー心理学の実践法の開発に努めた。その代表的な業績は『アドラー心理学の基礎』としてまとめられており、今日、私たちがアドラーの教えを容易に知るのに役立っている。さらにドライカースは北米アドラー心理学協会を創立し、『個人心理学ジャーナル』などの専門誌も創刊している。

アドラー心理学は人間をどう見ているのか、いわゆるアドラー心理学の人間観とはどのようなものなのかを、ここで端的に記しておこう。

アドラー心理学は、「人間は唯一無二の社会的存在であり、自分のことは自分で決め、その心の働きや行動は目的・目標によって引き起こされる存在だ」と考えている。つまり、「人間は他者とともにある社会的存在であり、自己決定をしながら社会的適応を図る主体的な性向を持つ存在である」ということだ。

アドラー心理学は、心のなかで生じていること以上に対人関係に関することを重視している点、またそれらの問題の発生を原因論としてではなく目的論として捉えている点に大きな特徴がある。さらに、病気が治れば、あるいは異常がなければ正常であるとは考えず、正常とは何か、健康とは何かを率直に捉えていくところに、もう一つの特徴がある。

このようにして見ると、アドラー心理学はけっこう積極的な人間観を持っており、よい意味で楽観的心理学と見ることができる。こうした人間観を持つアドラー心理学は、心に病を持つ人のための心理学であるとともに、一般人のための心理学である。

いま注目を集めているアドラー心理学の自己啓発の風潮への影響、家庭や学校における子どもの教育への影響、そして職場における部下の自己変革や自己開発への影響は、こうしたアドラー心理学の積極的な人間観によるものである。アドラー心理学は、きわめて優れた教育の心理学であり、人を元気にする心理学、加えて人を変革する心理学だということができる。

◆ドラッカーやコヴィーが普及

アドラー心理学の影響を受けた学者は多くいるが、そのなかでもアドラー心理学をまとめ、その普及に貢献したルドルフ・ドライカースや精神科医のウォルター・ベラン・ウルフ、また人間性心理学や欲求の階層説を提唱したアブラハム・マズローなどの存在は大きなものがある。

さらに、マネジメント論で知られるピーター・ドラッカー、『7つの習慣』などの自己啓発書の著者として知られるスティーブン・コヴィー、同じく『人を動かす』などで知られるデール・カーネギー、コーチング理論で知られるマーシャル・ゴールドスミスなどの活動は、アドラー心理学が広く社会に普及することに貢献している。

これらの人の活動は、現代を生きる多くの人たちに注目され、関心を集めているが、そのルーツがアドラー心理学にあることを明確に理解している人はそれほど多くない。

自分の能力を伸ばし、自分の心を癒やし、そして自分を社会とつなげるために、そのルーツとしてアドラー心理学を知ることは、現代に生きる私たちにとって大きな意味があるといえるだろう。

◆人は分割できない存在である

アドラー心理学は、「個人心理学」とも呼ばれている。個人心理学の「個人」はラテン語から来ており、「分割できない」という意味で用いられている。アドラーは、この語の意味の通り、「人は、それ以上には分割できない存在」と考えた。彼は、人を心と体、理性と感情、あるいは意識と無意識などに分割できないものと捉えたのである。一人一人の個人を、統一された全体的な存在と見ているからだ。

たとえば、「頭ではわかっているけど気持ちがついていかない」などといって行動に出ない場合も、実際にはそれをしたくないからそのような言い訳をしているだけかもしれない。この発言は、理性と感情が分かれていることを前提とするものなのだが、「人の心は理性も感情も相互につながりのある、分割できない全体として働いている」というのがアドラーの考え方である。

ここから、「個人の心のありようを社会との関係性のなかで、特に対人関係のなかで全体として見ていく」というアドラーの人間観が生まれてきている。人の心のありようを理解するためには、その人だけを観察していたのではうまくいかない。それを正しく理解するには、その人がその社会のなかでどのような立場にいるのか、またどのような役割を果たしているのかなど、社会的、あるいは対人的な文脈で知ることが必要なのである。

アドラーのこの人間観は、当時ドイツで提唱されていたゲシュタルト心理学の考えに影響を受けたものと思われる。ゲシュタルト心理学では、「人間の心は個々の機能が集まってでき上がったものではなく、全体性を持った構造として働いている」と考えている。この全体性を持ったまとまりのある構造をドイツ語で「ゲシュタルト」というので、この名前がついているのである。

ゲシュタルト心理学の最も基本的な考え方は、「人の認識は個々の感覚的な認識の総和によって形成されるのではなく、それら個々の感覚には還元できない全体的な構造によってなる」というものである。アドラーが、人を心と体、理性と感情、あるいは意識と無意識というように分けて考えるあらゆる二元論に反対するのは、このような考え方によっているのである。

◆アドラーの七つのキーワード

アドラー心理学は、全体的、社会的、目的的、主体的、そして積極的という人間観を提唱している。このアドラー心理学は、いくつかの主要な概念を核として構成されている。

アドラー心理学の全貌を端的に理解するために、この本ではその主要な概念を七つのキーワードとして見ていく。アドラー心理学を構成する七つのキーワードとは、前述の「劣等感」「目的論」「自己決定性」「共同体感覚」「ライフスタイル」「ライフタスク」、そして「勇気づけ」である。次に、これらのキーワードをここで端的に定義しておこう。

「劣等感」とは、自分が他人より劣っていると認識し、それを恥ずかしいと感ずることである。「目的論」とは、人のすべての行動には目的があるということである。「自己決定性」とは、すべてのことは自分が決めているということである。また「共同体感覚」とは、周りの人がよりよくなるように判断する価値基準のこと。「ライフスタイル」とは、その人の行動を決めている生き方のことである。そして「ライフタスク」とは、人が避けて通ることのできない人生の課題のこと。最後に「勇気づけ」とは、喜びと感謝の気持ちを伝える援助法のことである。

この本では、アドラーの教えの核となるこれら七つのキーワードを取り上げ、それに関わるアドラーの言葉について解説していく。そして、そのことを通してアドラーの教えの持つ自己啓発と自己変革の力を伝えていこうと思う。

なお、アドラーは自らの教えを単なる考え方として理解するだけでなく、実際に実践することを重視している。そのために、基本的なことや重要なことについては繰り返し述べることが多い。したがって、この本でも繰り返し出てくる考え方や言葉があれば、それはアドラーがそのことを重視せよ、実践せよといっているのだと受け止めてほしい。

第一章　劣等感——不完全な自分を受け入れる

◆劣等感は主観的なものである

アドラーの教え①

劣等感とは、自分の持つ身体的特徴や能力を他の人と比べて劣っていると受け止め、それに対して引け目や恥を感ずることである。劣等感は、自分が劣っていると思い込んでいるところから生まれていることが多い。それほどに、劣等感は主観的なものなのである。だから、主観が変われば劣等感の質も変わりうるのだ。

人が生活をしていくときに、自分が他の人より身体的に、能力的に、そして社会的に劣っていると認識し、「自分はダメだ、恥ずかしい」と感ずることを劣等感という。

また、人は「こんな人になりたい」「このような人生を送りたい」という理想や目標を持っている。しかし多くの場合、現実の自分は理想の自分とはかなりかけ離れ、劣った状態にあるものだ。理想と現実のギャップから、現実の自己が劣っていると受け止め、それに対して負い目や屈辱を感ずること、これも劣等感に入る。

劣等感はきわめて主観的なものなので、実際に他の人や理想の自分と比べて現状の自分が劣っているかどうかは必ずしも関係していない。たとえば、他の人と比べて実際に太っているわけではないのに、本人は太っていると認識し、「自分の体は美しくない、恥ずかしい」と思っている人は少なくない。

このことは、自分の理想的身体像についてもいえることである。実際には痩せていて理想的身体像に近いのに、あるいは理想体重をすでに下回っているのに、「もっと痩せなくてはいけない」「まだこの部分が太っている」と認識して食事制限をしてしまうことも珍しくない。

劣等感は、それほどに主観的なもの。だから、主観が変われば劣等感の質も変わりうるのだ。

デール・カーネギーも、「自分の欠点ばかり気になりだしたら、そんな劣等感を直してくれる人間はこの世に一人しかいない。つまりあなた自身だ」といっている。劣等感が思い込みによるものならば、それを正すのは自分しかいない。

「スタイルがよくない」「頭が悪い」「ダメな人間だ」などといった、自分の主観に基づいた言葉、自分をけなして劣等感を強めるような言葉をつぶやくのを止めてみよう。これらの言葉は自分の悪いところをさらに意識させ、自分のよいところを隠してしまう方向に働くものである。

そうではなく、自分にプラスになるような言葉かけをしてみたらよい。そうすれば劣等感が弱められ、自分のよいところが意識されるようになるだろう。

◆劣等感はチャンスの素

アドラーの教え②
人は誰でも劣等感を持っている。しかし、劣等感は病気ではない。むしろ劣等感を持っているからこそ、人には成長するチャンスがある。劣等感、この苦痛に満ち、人を不安にさせる感情から、精神発達の大きな飛躍を引き出すことができる。

私たちが生活をしていくなかで、自分と他の誰かを比べて、あるいは現実の自分と理想の自分を比べて、能力的に劣っている、あるいは社会的に劣勢だと思い、自分はダメだ、恥ずかしいなどと感ずることを劣等感という。

社会のなかで生活し、組織のなかで活動する私たちは、程度の差こそあれ、ほとんどの人が劣等感を持って暮らしている。言い換えれば、社会との関わりがなければ劣等感を感ずることもないわけだ。

人は、劣等感を取り除くためにさまざまな行動を起こす。それを補償という。劣等感は「快か不快か」といえば、ほとんどの場合に不快なのだから、人はその不快な状態から快の状態へと自分を変えようとして補償行動を起こすのだ。

たとえば社会的な劣等感を自覚し、それらを補償するために、体を鍛え、勉強し、コミュニケーション能力を伸ばすといった活動を起こす。それによって自分の感じている劣等感をなくそうとするのだ。

そうした補償行動が、現在の自分をよりよいものに変えていく。すると劣等感は、健康で正常な努力を生み、成長を刺激する力を持っている、ということになる。

従って、劣等感を持つことは決して悪いことではない。むしろ、劣等感を持つからこそ人には成長するチャンスがある。劣等感、この苦痛に満ちた不安な感情から、精神発達の大きな飛躍を引き出すことができるのだ。

◆「性弱説」が人の本質

アドラーの教え③
人の本質を理解するには、性弱説に立って考えてみるとよい。人は、生物学的劣等性を克服するために仲間を作り、社会を作ってきた。だから、一人では解決できない問題に直面したとき、家族や友、あるいは社会を信じて頼ることは、恥ずべきことではない。

生物としてのヒトは、地球上に生まれてきたもののなかでも、きわめて弱い存在である。大きくて強い体を持っているわけではなく、優れた運動能力を持っているわけでもない。さらに、鋭敏な聴力や優秀な視力など、並外れた感覚能力を持っているわけでもない。「生理的早産」といわれるヒトは、誕生時には自分の体さえ思うように動かすことができないという生物学的劣等性を持った存在である。生物としてのヒトは、劣等感を持たざるをえない存在として、この世に生まれてくるのだ。

性善説や性悪説という人の見方があるが、以上のことから考えれば、人の本質はこれら二つの説のどちらでもない。すなわち、「性弱説」に立つのではないかと思われる。

そこで、ヒトはこの生物学的劣等性を克服するために、多くの仲間が集う集団、すなわち社会を作るようになった。仲間と一緒に生活することによって、一人では対応できない問題には、仲間と協力して助け合って解決する、社会というものを作っていったのである。

集団、あるいは社会に所属することによって、ヒトの生活はより安定し、生存が保障される。そうでなければヒトは孤立し、生きていくのがきわめて困難になってしまう。生物としてのヒトの孤立は、時には死を意味するからだ。

◆文化を生み出したのも劣等感

アドラーの教え④
人は劣等感を持つがゆえに、さまざまな文化や文明を生み出してきた。道具の発明、言葉の獲得、科学や芸術の創出……これらはすべて、人が自分の無知や無力を感じ、それを補償するために作り出してきたもの。劣等感が欠乏感を生み、欠乏感が文化や文明を生んで、私たちの生活を改善してきたのだ。

人は劣等感を持つがゆえに、それを解消し補おうとして、さまざまな文化を生み、人類の歴史を作ってきた。ひ弱な体力の代わりとなる知能の発達、狩猟や農耕のための道具の発明、仲間とコミュニケーションをとるための言葉の獲得なども、この劣等性を補うためのものといえる。

人類がこれまで作り上げてきた文化は、私たちが持つ劣等性の賜物《たまもの》だといっても過言ではない。

知能の発達に伴って人は多くのものを得てきたが、そのなかでも、現在、過去、未来という時間の概念を持つようになったことは、文化を作るうえで大きな影響を及ぼした。特に、未来の時間概念を持つことによって、人は死の概念を自らのうちに持つことになった。

死ぬ存在であることを明確に意識する人にとって、そのこと自体が劣等感として受け止められるようになった。その不安や恐怖を補償するために、人は芸術や哲学、そして宗教などの文化を作り上げてきた。

人の弱さ、愚かさ、醜さ、そしてはかなさを補償するための芸術、哲学、そして宗教……これらの文化は、まさに私たち人類の劣等感から生まれてきたものといえるのだ。

◆劣等感が育てる理想の自分

アドラーの教え⑤

劣等感をなくそうと、あなたがそれを補償する行動をとることで、自分自身を成長させることができる。劣等感は、あなたが望む自分自身を手に入れる力を持っているのだ。

個人の持つ劣等感は、たとえば背が低い、太っている、足が遅い、字が汚い、絵が下手だ、物覚えが悪い、人づきあいが苦手だ、などといった劣等性から生まれる。しかし、このような劣等感は、人が成長するうえで欠かせないものなのだ。

劣等感を感じた人は、それを克服しようとさまざまな補償行動を行う。正当な補償が行われれば、それはその人の成長に役立ち、そのことを通して社会に貢献することにもなる。人に共通する劣等感が人類の発展に役立つのと同じように、個人の劣等感も、その人の成長を通して、最終的には人類の発展に貢献するものになるのだ。

ただ、劣等感を持っている人に対して他者がそれを批判したり、バカにしたりすれば、その人は精神的に不安定になり、神経症などの心の病が生じる可能性も出てくる。そうではなく、相手の行動を背後から後押しするように勇気づければ、その人は劣等感を克服しようと意欲的に取り組むようになるだろう。

劣等感を補うための補償行動は、その背景に「このようになりたい」、あるいは「このように評価される人になりたい」という目標がある。劣等感が原因としてあり、それによって補償行動が出てくるのではなく、「こうなりたい」「こうありたい」というその人の目標があるからこそ、補償行動が出てくるのだ。

人は誰でも、無力な状態から脱して優れた存在になりたいという欲求を持っている。優越性を追い求めるからこそ、劣等感も生ずるのである。だから、劣等感は病的なものではなく、誰もが持つ正常な心理。そして大事なことは、まず優越したいという欲求があって、そのために劣等感が生じている、という点である。先に劣等感があって、それを埋めるために優れた人間になろうとするのではない。

つまり、劣等感を補う補償行動も、原因論からではなく目的論から説明されるのだ。

◆玉三郎を名優に育てたもの

アドラーの教え⑥

最も優れた人、われわれの文化に大いに貢献をした人の多くが、人生を始めるときに器官的な劣等性を持っていた。身体的にも環境的にも困難と必死で闘った人が、もっぱら進歩と発明をもたらしてきた。闘いが彼らを強くしたのであり、それによって彼らも世の中も進歩したのだ。劣等感には、それを正しく補償すれば、人を進歩させる力がある。

劣等感の補償行動は目的を持って行われるが、補償の仕方は人によって異なる。劣っていると思う機能や能力を補おうとしてまっとうに努力することもあるが、そうではなく現実から目を背《そむ》け、引きこもったりしてしまうこともある。これを称して、正の補償、負の補償という。

五代目**坂東玉三郎**《ばんどうたまさぶろう》は、梨園《りえん》の出ではないこと、幼い頃に小児まひを患《わずら》ったこと、女形《おんながた》としては長身であったこと（公称一七三センチ）、芸風や活動方針を巡って名女形の六代目中村歌右衛門《なかむらうたえもん》との間に確執があったことなど、数々の苦難に直面しながら、それを克服するために稽古《けいこ》に励み、現在の地位を築き上げた歌舞伎界の名優である。

玉三郎は、小児まひという自らの器官劣等性を補償するために幼少期からリハビリにつとめ、体を強くしようと踊りに励んできた。そして、梨園の出ではないことを補償するために、また女形の最高峰といわれた歌右衛門との確執を補償するために、玉三郎はさらに稽古に打ち込んだ。そうして歌舞伎界で女形としての不動の地位を築いたのである。

最も優れた人、われわれの文化に大いに貢献をした人の多くが、人生を始めるときに器官劣等性を持っていた。身体的にも環境的にも困難と一生懸命に闘った人が、もっぱら進歩と発明をもたらした。闘いが彼らを強くしたのであり、そうでない場合よりもずっと前に進んでいった。このことを玉三郎の例は明示しているのだ。

ただ、玉三郎の歌舞伎界に入ってからの役者としての技量と芸術性の向上は、これらの補償のためだけと解釈するならば、あまりにも狭いものといえるであろう。それだけではなく、玉三郎には歌舞伎役者としての高い目標があった。劣っているから劣等感があるのではない。どんなに優秀に見える人にも劣等感は存在する。目標があるかぎり、劣等感があるのは当然である。玉三郎は、その劣等感をバネにして、より高い目標に向け精進《しょうじん》を重ねていったのだ。

歌舞伎役者として強い「優越性への欲求」があり、それがあるために玉三郎は自らの劣等性をより強く感じた。この優越性への欲求を満たそうとする目的のため、玉三郎は体を鍛え稽古《けいこ》に励むという、まっとうで建設的な正の補償行動をとった。

けれども、「もともと自分は体が弱いのだから」、あるいは「どうせ梨園の出ではないのだから」などと、自分以外に原因を求めたり現実を回避したりして、負の補償行動をとっていたら、今日の玉三郎は誕生していなかったはずだ。

◆劣等感の不健康な例は

劣等感を補償し過ぎると、人は病的になる。目標をあまりに高く設定してしまうために、大きく目立った行動をしようと身構えてしまうのだ。そして、周りの人のことを考えもしないで、衝動的に強い態度で自分の立場を主張しようとする。すると彼らは周りの人と対立するようになり、周りの人も彼らと対立するようになる。劣等感の補償は、適切、適度でなければならない。

劣等感があまりに強ければ、「将来の生活において損をするのではないか」などという不安のなかで、行き過ぎた行動をとる危険性がある。これを過補償という。

たとえば、太っている自分の体を嫌い、食べ物を制限して体重を減らそうとしている人が、もう十分に標準体重に達しているにもかかわらず、もっと痩せようとして摂食制限を続けていくことがある。このような人の場合、自分のボディ・イメージに歪《ゆが》みを持っていることが多く、もっと美しい体でなければいけないと思い込んでしまっているのだ。そこから摂食制限をさらにエスカレートさせていくことになる。

これは、太っているという劣等感を過剰に補償しているケースであり、これによって拒食や過食といった摂食障害を発症することもある。頑張って痩せようと努力しているのに、「自分の思うようにいかない」「自分はダメだ」といった気持ちから摂食制限が過剰になり、やり過ぎることになってしまうのだ。

また、劣等感を補償し過ぎると周りが見えなくなってしまい、自己中心的に物事を理解してしまうようになる。そうすると、周りの人のことを思いやることができなくなって対立し、社会からも孤立してしまう。

これらは、劣等感の不健康で破壊的な補償の例である。劣等感の補償は度を過ぎず、適切、適度であることが大切なのだ。

◆劣等感を無視するとどうなる

アドラーの教え⑧

劣等感は、決して不健全なものではない。大切なことは、劣等感が負の方向に作用した劣等コンプレックスや優越コンプレックスに陥らないことである。これらのコンプレックスは、周りの人との関係に悪影響を及ぼす元凶となり、その人の孤立感をますます強めてしまうだろう。

劣等感は、正の補償行動によって克服することが望ましいが、劣等感に正面から向き合うことをせず、避けたり無視したりする人も出てくる。そのような人は、引っ込み思案になったり、過度に恥ずかしがったり、引きこもったり、あるいはグチをいったり、開き直ったり、怒ったりといった過剰反応をしがちだ。これが劣等コンプレックスの特徴である。

劣等コンプレックスがさらに増すと、人をコントロールするために使われるようになる。自分の劣るところを挙げて人に訴え、同情や援助を引き出そうとするのである。

たとえば、「最近、よく眠れなくて体の調子が悪いのよ」「俺、頭が悪いから仕事のやり方をよく呑み込めないんだ」などという人がいれば、周囲の人は「体に気をつけて、無理しないほうがいいわよ」「そんなふうに考えることはないよ、僕が教えてあげるから」などと応え、同情したり、援助を申し出たりする。

こうして結果的に、その人は周囲の人の心や行動をコントロールすることに成功するのである。このような経験は、劣等コンプレックスを持っている人に、それをうまく使えば人が援助してくれて自分の望みが叶《かな》えられるという、不適切なライフスタイルを作り上げていくことになる。しかしこれは、その人にとって決してよいことではない。

そして、劣等コンプレックスがさらに高ずると、それとはまた別の仕方でコンプレックスを解消しようとする人が出てくる。その人は、自分が実際には優れていないにもかかわらず、優れているかのように振る舞い、それを他の人に見せつける。これを優越コンプレックスという。

このように、偉そうに振る舞ったり、上から目線の態度をとってみせる人は、他者に対する優越感を示すことによって、自分の劣等感を補償しようとしているのである。

たとえば、本当は自分の仕事がうまくいかないことに劣等感を持っているのに、ブランド品を身に着け、それを周囲の人に見せつけて自慢し優越感に浸るのも、優越コンプレックスによるもの。また、職場で評価されていない人が、家庭では強い権力を示して亭主関白になったり、また暴力をふるったり（ドメスティック・バイオレンス）、子どもに過度に厳しい躾《しつけ》をしたりするケースにも、このコンプレックスが隠れていることがある。

劣等コンプレックスも優越コンプレックスも、ともにその人と周囲の人との関係に悪影響を及ぼす。そうなると孤立感はますます強くなり、良好な対人関係を持つことが困難になってしまう。このような場合、人は自分の考えや態度に固執し、頑《かたく》なになっていくことが多いので、社会に対して否定的な態度をとることがより多くなっていくのだ。

アドラーの教え⑨

◆劣等コンプレックスに陥らない術

強い劣等感を軽減するには、自分より優位にいる人物のその優位性が弱くなり、失われればよい。自分の劣っている能力や状況を改善する、あるいは自分の新しい能力を開発してその人との差をなくし、不安や妬《ねた》みの感情を軽減するのがよい方法だ。

劣等感を克服して劣等・優越コンプレックスに陥らないようにするには、どうしたらよいのだろうか。

強い劣等感を軽減するには、自分より優位にいる人物のその優位性が弱くなり、失われればよいわけである。それを、その人物の足を引っ張るようなやり方で実現するのではなく、自分の劣っている能力や状況を改善して実現する。こうして不安や妬みの感情を軽減するのが一つの方法である。

ある人より営業成績が劣るならば、それを改善するためのスキルや能力を鍛える。自分の仕事に必要なスキルは何か、自分に備わっている能力で足りないものは何か、それを客観的に捉えて足りないところを補う努力をする。そして自分の不安や妬みの感情を軽減していくのだ。それを続けていけば劣等感を小さくしていくことができる。

もう一つは、その人と同じ土俵に上がるのではなく、もっと視野を広げてその人にはない自分のよさを見出《みいだ》し、自分の新たな可能性を探し出すやり方。営業成績では敵《かな》わないけれども、たとえば人と仲よくして協力する能力を身に付けるのだ。また、コミュニケーション能力や統率力などを磨いていくのもこのやり方である。

このように、現在の自分を上方に押し上げる方法と水平に広げる方法という、健康で建設的なやり方で劣等感を克服することが大切なのだ。

◆自分を受け入れる者だけが強く

アドラーの教え⑩

私は、いまの自分を受け入れることができる。しかし、自分がそのまま変わらないでいることは受け入れられない。いまの自分を受け入れ、そしてそれを変えようと挑戦していく人だけが、本当に強い人間になれるのだ。

劣等・優越コンプレックス（以下、コンプレックス）を正の方向へ向かわせるには、優越性への欲求を正しく使うことが大切である。それには、この欲求が共同体感覚に支えられていることが決め手となる。

自分がしようとしていることは、自分の目的や目標に適《かな》っており、さらにそれは共同体にとって有益なものであるか——このことがしっかりと確認できれば、その行動はコンプレックスを正の方向に向かわせるものと考えてよい。

しかし、自分がしようとしていることは、自分の利益のみを目的としたものであり、その行動は共同体にとって何の利益ももたらさないどころか損害を与えるものであれば、それはコンプレックスをさらに負の方向に向かわせるものと考えねばならない。その行動が自分のためだけでなく人のためにもなっている——このことが決め手なのだ。

コンプレックスを持っている人の軌道修正をするために、励ましたり救いの手を差し出すのは、かえって逆効果だ。「大丈夫だよ、これから頑張って力をつけたらいいんだ」と励ましても、本人は「もう十分に頑張ってきているのに、これ以上に頑張れというのか……それは無理だ」と思うかもしれない。

それに励ますという行為は、励まされる人よりも自分の立場が上だと考えているときに出てくるもの。そこには対等の関係は存在しない。この点からも、励ましの行為は、コンプレックスを適切に解消することにはつながらない。

また、「心配しないで、私が手伝ってあげるから」と救いの手を差し出すのも、本人の依存心や甘えを助長するだけで、コンプレックスを自分で解消することにはつながらない。

コンプレックスを抱えている人に接するときは、まずその人が持っている劣等感をありのままに受け入れるように、勇気づけの態度や言葉で働きかけることが大切だ。

「仕事の業績が上がらない」「自分には能力がない」などと悩んでいる人に、たとえば「そうかな、そんなことはないよ」と親身になって話しかけ、「そうか、いまの自分をそのまま認めてくれている人もいるんだ、自分はダメではないんだ」と思えるようにすることが大切なのだ。

すると、これまでの自分に対する見方が変わっていく可能性が出てくる。つまり、能力がないという劣等感は感じていても、それによって誰かに依存したり、また誰かに攻撃的になったりはしないように変わっていく。いまの自分を受け入れることから、少なくとも自分の力で自分を変えていくような機会が出てくる。

自分を受け入れたうえで変わろうと挑戦する人だけが、本当に強い人間になれるのだ。

勇気づけは、人の抱えているコンプレックスを受け入れさせ、それを軽減、解消して、人を成長させる役割を持つ。励ますのでも褒《ほ》めるのでもなく、勇気づける——これがコンプレックスに対する最善の対処法である。

勇気づけは、コンプレックスを抱えている人を人生の有益な側に引き戻す力を持っている。

◆過去の出来事を分析するな

アドラーの教え⑪

たとえ劣等感の原因を明らかにできたとしても、そこからは生きる勇気は生まれてこない。過去の出来事をあれこれ詮索《せんさく》しても、今日を生きる、そして明日に向かって歩み始める勇気は出てこない。いまの自分を認め、そこから自分の未来を考え、目標を持って生きることこそが大切なのだ。

過去の出来事を分析して、現在の自分の状況を解き明かそうとしてもうまくはいかない。それは、物の性質を解き明かす物理学の方法であり、人の心理の解明には役立たない。

過去の出来事をあれこれ詮索しても、明日に向かって歩み始める勇気は出てこない。いまの自分を認め、そこから自分の未来を考えて生きることこそが大切なのだ。

いままでの自分にこだわり過ぎるな。自分の未来を見つめ、自分の可能性に目を向け、劣等感をバネにして、自分を向上させることを考えるべきだ。

サッカーの**クリスティアーノ・ロナウド**選手も、敗戦に際し、「一九歳で欧州王者になりたかった。だけど、前を向かないといけない。またいつか、欧州王者になるチャンスが来るはずだから、今回の落胆をバネにしないといけないんだ」といった。

劣等感があるからこそ、生きるパワーも生まれてくる。劣等感がなかったら、私たちは文化や文明を築くことはできなかった。劣等感を持つこと自体は決して悪いことではない。

しかし、その感情に強く固執し引き込まれてしまうと、心は負のスパイラルに陥ってしまい、「自分は何をやってもダメだ」「どうせうまくいきっこない」と、やる気を失って無気力になったり、逆に「自分はできる人間だ」「私は特別な存在なのだ」と開き直って、権威をふりかざしたりしてしまう。自分の心がこのような負のスパイラルに落ち込まないように、考え方を変えることが必要である。

仕事で失敗し、上司に叱《しか》られて落ち込むことはしかたないにしても、それをいつまでも引きずっていたのでは、翌日からの仕事にも影響してしまう。しっかりと反省したら、いつまでもクヨクヨせず、頭を切り替えることだ。

負のスパイラルから正のスパイラルに変換するには、ポジティブな経験を増やしていくことも大切だ。大きな目標を一気に成し遂げようとするのではなく、ある程度努力すれば成功するような目標を立て、地道に一歩一歩進んでいくのが優れた解決法なのである。

◆不完全な自分を認めることから

アドラーの教え⑫
目標もなく、ライフスタイルも定まっていないから、他人のことが気になり妬《ねた》んだりする。そうならないように、不完全な自分を素直に認め、受け入れることから始めてみよう。そこから、自分の未来や新しい可能性が見つかり、劣等感を克服する芽も出てくる。

ありのままの自分を受け入れ、自分の可能性に目を向けて、実際に行動を起こす勇気を持つことが、妬みや敵対心の感情を伴う劣等感を適切に補償し、克服していく方法である。いまの自分を認めることは、不完全な自分を認め受け入れることともいえる。それは本当に勇気のいることだ。

しかし、完全な自分、完全な人間というものは、頭のなかに存在してはいても、現実には存在しないもの。人間であることは、そもそも不完全であるということなのだ。

作家の**村上春樹**《むらかみはるき》も、「僕らはとても不完全な存在だし、何から何まで要領よくうまくやることなんて不可能だ」といっている。従って、劣等感を持っていることはきわめて自然なことであるし、自分をよりよいものにしていこうとすることも、人間として当たり前のことである。

だから、「自分は他人より優れていなければならない」、あるいは「自分はもっとよくなる必要がある」と頑なに考えることはない。「私は、いまここに存在していることだけで価値がある」とまず受け止め、そのことを受け入れることから始める。

不完全な自分、ありのままの自分を受け入れること、またそれを人にも知ってもらうことが、自分にとって一番よいことなのだ。

第二章　目的論――はじめに目的ありき

◆目標が決まれば行動も定まる

アドラーの教え⑬
人は生まれながらにして未来志向的であって、行動の原因を重視する原因論よりも、行動の目的を重視する目的論が、人の行動を読み解くうえで重要である。やるべき目的が決まっていれば、人の行動はおのずと定まってくるからである。

人は、原因となる何らかの理由があって行動を起こすのではなく、自分で目的を設定し、それに向かって主体的に行動するものである。つまり、人は生まれながらにして未来志向的である。

だから、行動の原因を重視する原因論よりも、行動の目的を重視する目的論が、人の行動を読み解くうえでより重要なのだ。

人は、意識的に、また無意識的に、人生の最終的な目標に向かって活動している。ここから人の日々の活動の目的は、最終的には、その人の人生の目標につながっているといえる。

従って人の行動は、すべてはその人の意識的、あるいは無意識的な目的や目標によって引き起こされていると考えなければならない。
仕事に取り組みノルマを達成しようとする行動も、いろいろ理由を付けて仕事ができなかったと言い訳する行動も、そして体調が悪いといって会社を休む行動も、その人のなかにある目的や目標によって起こるのであり、過去の何らかの出来事や経験が原因になって起こるのではない。そう考えるのが目的論なのである。

◆人の心理をより的確につかむ方法

アドラーの教え⑭
生きていく目的がないことほど不安で空しいことはない。人は目的に向かって行動し、それに到達するように努力するからこそ、生きがいを感ずることができる。目的は、その人を動かす力を持っている。

人は、将来に対する具体的な夢を仮定することで、現在の困難を克服しようとする目的、あるいは理想というものを持っている。この具体的な目的、あるいは目標を持つことによって、自分が現在の困難に立ち向かっていると感ずることができるのだ。目的を持たなければ、人の活動はどんな意味もなさないだろう。

「夢や目標を持っていないと、なにかに向かって頑張れないですし、自分を追い込む意味でも、また楽しむためにも、夢や目標を設定するのは絶対に必要だと思います」と女子サッカーの**澤《さわ》穂希《ほまれ》**もいった。

人は、生物学的には個体の保存と種の保存を、社会学的には集団への所属を、そして心理学的には自己実現的な生き方を目的として行動する。

つまり、自分の生命を維持し子孫を残すことを、集団に所属して他者との関係を作り自らの役割を果たすことを、そして自分の能力や資質を活《い》かした生き方をすることを目的として、日々のあらゆる行動を積み重ねているのである。

これらのことから考えれば、人のパーソナリティはその人の目標に向けられた日々の行動の積み重ねによって作り上げられたものといえる。

「どこからではなく、どこへを考えなさい」という言葉は、その人の過去、つまり「どこから」にあたる原因にではなく、その人の未来、つまり「どこへ」にあたる目的に、その人の考え、判断、意思、そして行動が表れていることを意味している。

人のすべての行動には目的があるということを理解していれば、私たちはその人の心理をより的確につかむことができるだろう。

◆原因より重要な目的

アドラーの教え⑮

人の生活は、その人の持つ目的によって規定されている。その人の思考や感情、意思や夢などは、すべてその人がこれまで持っていた目的に向かって決められ、方向づけられている。人は、人生の正しい目的を持って生活しなければならない。目的を欠くと、人は人生の羅針盤《らしんばん》を失い、人生の幸せからも見放されてしまう。

人が何かを決めるときは、過去、現在、未来に関わる要因が関係していると考えられるが、そのなかでも未来の要因が最も重要だ。人の行動や判断には、過去の原因よりは未来の目的のほうが、より強く影響しているからだ。その人の持つ目的や目標が行動を決定し、方向づけている。

人に何かを作る意図や意思、つまり目的がなければ、いくら素材が豊富にあっても何の役にも立たない。このことは、物を作るときだけでなく、人の能力やパーソナリティを作り上げるときにもいえることだ。

人が親から受け継いだ遺伝的な素質（材料）よりも、それをどのような目的、つまり目標のために使っていくか、そのことがより重要なのだ。

すると、能力やパーソナリティが劣るのは素質のせいではない。不適切な目的や誤った目標を設定しているから、そのために素質の使い方を間違えている、そう考えるべきなのだ。人の精神生活は、目的によって規定されているのであり、その人の思考や感情、意思や夢などは、すべて目的に向かって決められ、方向づけられている。

人の行動が、過去の原因によって決定されているという原因論には賛成できない。それよりも、人はその目的によって自らの行動を決めていくことを重視すべきだ。

「なぜ、そんなことをしたのか」と人に問うとき、そこで求められるのは、その行為をした原因の説明ではなく、行為の意図や目的が何であったかの説明なのである。

◆人生の「目標追求性」とは何か

アドラーの教え⑯

将来の大きな目標を成し遂げたいと願うならば、日々の小さな目的をきちんと達成しなければならない。なぜなら、小さなことの積み重ねが大きなことにつながっているからだ。

アドラー心理学では、目的あるいは目標という言葉をよく使う。この二つの言葉は、次のような区分をして用いている。

一般的に、目的にはそれを達成するまでの時間に長短がある。今日中に仕上げなければならない仕事、一ヵ月の間に達成しなければならないノルマ、本年度末までに成し遂げたい業績、五年後までの課長への昇進、一〇年後の住宅の購入、将来の起業、社会に資する仕事の計画など、目的には短期的なものから中長期的なものまである。このうち、比較的短期的なものを目的、中長期的なものを目標として区分する。

この区分の仕方からいえば、人は日々の目的を達成し、それらを積み重ねながら中長期的な目標を達成していくと考えることができる。一つひとつの目的の達成が、大きな目標の達成につながっていくのである。

「いま自分にできること、頑張ればできそうなこと、そういうことを積み重ねていかないと、遠くの大きな目標は近づいてこない」とメジャーリーガーの**イチロー**選手はいっている。

心理学にスモール・ステップの原理というものがある。これは、最初から高い目標を掲げるのではなく、目標を細分化し、小さな目的を達成していく成功体験を積み重ねながら、最終目標に近づいていくことを指す。

難しい内容を学習する場合には、いきなり難しい内容に入らず、学習内容を小さな単位に分割し、やさしい内容から出発して少しずつ小刻みに難しい内容に挑戦していくやり方が、目標に到達する確率を高くするという考えから来ている。

少し努力すれば到達できる目的を一つひとつ達成し、成功体験を積み重ねることによって大きな目標に到達するスモール・ステップの原理によって、日々の行動の目的は、大きな目標の達成につながっていくのである。これを人生の「目標追求性」という。

人が長期的な目標を持って生きることは、明確な人生設計を立て、それを達成するために仕事をし、人間として成長していくことを意味している。一方、目標を持たずに生きることは、しっかりした人生設計がなく、その日暮らしの人生を送ることを意味している。そこでは人間的な成長を望むことはできないだろう。

私たちは、日々の目的を達成し、それらを積み重ねながら長期的な目標に到達するよう努力しなければならない。

◆自分を変えるには目標を変える

アドラーの教え⑰

自分の不満足に思われるパーソナリティや能力は、そうならざるをえなかった不適切で誤った目標によって形成された。どのように生きるか、何をしたいか、そして何をすべきかについて正しい目標を設定し直せば、人は自分を変えることができる。

人の行動が過去の出来事や経験によって決められてしまうのであれば、過去は変えられないわけだから、現在の自分や行動も容易には変えられないことになる。たとえば、自分の消極的で内向的なパーソナリティや人より劣る能力が過去の原因によるものだとすれば、そこから自分の現状を変えていこうとする考えや意欲は湧いてこないだろう——何しろ過去は動かしがたい事実としてあるわけだから。そうなると、その人のパーソナリティや能力は現状のままで変えようがない。

しかし人の行動が、未来の目標によって決まるとすれば、その人は過去にとらわれることなく、自分を変えていくことが可能になる。

自分のパーソナリティや能力を変えようと思えば、その人の未来の目標を変えればよいのだ。

現状の自分の不満足に思われるパーソナリティや能力は、そうならざるをえなかった不適切な目的、誤った目標によるものなのだ。だから自分が望むパーソナリティや能力が得られるように、適切で正しい目標を設定し直せばよい。そしてその目標に向けて、日々の行動を修正して実践するのだ。

他人の物を黙って盗んでしまった人は、たとえ悪いことをしても、「自分が幸せになればそれでよい」という誤った目的を持っていたからこそ、そのような行動をとったのである。そこのところを見つめ直し、反省し、そして正していくような、新たな目標を立てなければならない。

よく生きていくための有用な目標を正しく設定し、その実現に向けて行動を起こすことが大切なのだ。

◆本人も気づかない目的とは

アドラーの教え⑱

本人も気づかない目的によって、人は行動を起こすことがある。そこには相手の心理を操作しようとする隠された目的が存在していることを、理解しておくべきである。

人の行動は、その人の持つ目的によって引き起こされるが、その目的は必ずしも本人に意識されているものばかりとは限らない。本人も気づいていない目的もある。

本人にも意識されていない目的、ときには気づけないように隠され、抑圧されている目的もある。これは、その人の本質的な目的が、幼児期に、気づかぬうちに形成されたことによっている。

本人も気づかない目的によって、人は行動を引き起こすことがある。たとえば人が怒るとき、そこには「これこれの理由でカッとなって怒ってしまった」という場合もあるが、実はそれは表向きのこと。本当は怒ることで相手を威嚇《いかく》して黙らせるといった、心理操作という隠された目的が存在していることもある。

もちろん、そのことに本人は気づいていない。しかし過去の怒った経験から、相手を黙らせ自分に気を遣わせることに成功した人は、その後も無意識に相手の心を操作しようとする。

このように、その人が気づかない場合でも、実はその人のなかに隠された目的があり、それが行動を引き起こしていることがある。

◆感情とは利用するもの

アドラーの教え⑲
感情は、目的とともに私たちの行動を引き起こしたり、制止したりする力を持っている。目的によって行動をコントロールできないときに、感情がその役割を果たすことがある。そう、有用な感情は、適切に利用すればよい。

行動を引き起こしたり、あるいはそれを制止したり、また方向づけたりする要因には、その人の持つ目的の他に感情の働きがある。感情は人を突き動かし、時にその行動を抑える力を持っている。

哲学者の**ジャン＝ジャック・ルソー**も、「人間を作るのが理性であるとすれば、人間を導くのは感情である」といっている。

たとえば、好きな人に自分の気持ちを告白したいと思っていても、なかなか言い出せないことがある。告白してうまくいけばよいが、相手から断られることも考えられるからだ。そうした不安から躊躇《ちゅうちょ》している自分の背中をグッと押してくれるのが、相手を好きだという、やむにやまれぬ感情である。

また、感情は自分の行動を押しとどめる役割をすることもある。「なんとなく嫌な感じがするのでやめた」という経験をしたことがあると思う。理由ははっきりしないけれども、何となく嫌だ、気になる、違和感を覚えるといった感情によって、私たちは行動を抑えることもある。

このように、感情は私たちの行動を引き起こしたり、制止したりする働きを持っており、目的とともに重視される要因である。ただ、感情によって行動を引き起こすか制止するかを決めるのは、最終的には自分自身。人は、感情を利用して行動を選択しているといえる。

感情は、それに左右されるのではなく、利用するものである。どう利用するかは、自分が決める。それが、自己決定性ということになる。

◆行動を決める二つの要因

アドラーの教え⑳

感情よりも目的が先にある。たとえば、不安だから外出できないのではなく、外出したくないから不安を作り出しているのだ。感情によって行動が規制されているのではなく、人は目的を実現するために感情を作り出して利用しているのだ。

行動を決める要因として目的と感情の働きがあるが、この二つの要因は行動の決定因として同等だとはいえない。やはり、感情よりも目的のほうが先にあると考えられるのだ。たとえば、子どもの不登校、青年の引きこもり、あるいは大人の出勤拒否なども、まずは感情論ではなく目的論としてとらえることができる。つまり、これらの事例は、「不安だから外出できないのではない、外出したくないから不安を作り出している」と考えられるのだ。

子どもや会社員が学校や職場に行くと、成績や業績、仲間や上司との関係など、さまざまな不安やリスクが発生するので、それが原因で登校や出勤ができないと訴えることがある。しかし、本当のところはそのような感情によって行動が規制されているのではなく、学校や職場そのものに行きたくないという目的が先にあり、それを実現するために不安という感情を作り出して利用しているのだ。

これだけ自分は不安なのだということを訴えれば、親や教師、あるいは仲間や上司は、自分のいうことを聞いてくれるだろう、そう考えるわけである。しかし、「……のために」行動したではなく、「……によって」行動したというように、何らかの原因を挙げて行動の理由にしている場合でも、実はその人の持つ隠された目的のために行動を起こしていることが圧倒的に多い。

子どもや会社員が、学校や職場と結びつけて不安という感情を訴えるのは実は表向きの理由で、実際には不安という感情をアピールすることで家族や教師、あるいは仲間や上司から共感や同情を引き出し、不登校や引きこもり、あるいは出勤拒否に対する受容の気持ちを引き出そうとしていることがある。これは外出したくないという目的のために感情を利用しているのだ。

感情を使って他者の気持ちをコントロールしようとする人がいるが、それは目的を達成するための大人のやり方ではない。きわめて稚拙《ちせつ》なやり方といえるものだ。従って、このようなやり方を正すためには、感情ではなく理性で相手を説得するやり方に切り替えていくことが大切である。

相手と話し合い、お互いに協力し合って目的を達成していくことができるようにしていくのだ。あるいは、他人に頼るのではなく自分の力で目的を達成していく、これも大人としてのやり方である。

自分一人でやると、失敗したときに責任を取らされるのがいやだから、他者と一緒にする、あるいは自分ではなく他の人にやってほしい、そう考えるのは大人のやり方ではない。

第三章　自己決定性——自分の人生は自分が決める

◆自分の問題を解決する最適な人物

アドラーの教え㉑
人は、あらゆることを自分で考え、判断し、決定する。この自己決定性が、結果に対する責任感を強め、人の心を育て、安定させるのである。自分の人生を自分でコントロールしなければ、誰かにコントロールされてしまうことになるだろう。

自分の考えや感情、パーソナリティや価値観は、どうすることもできない遺伝によって拘束されているから簡単には変えられないと考える必要はない。人は、遺伝的性質や成育環境をうまく使って社会的な適応を図り、社会の一員となり、社会を変えていくように行動することができる。

従って、自分のものの考え方やパーソナリティも変えることができる。人は、あらゆることを自分で考え、判断し、決定することができるのだ。

私たちは、自分の判断で態度や行動の取り方を変え、自分が関わる環境や組織さえも変えていくことができる。それほどに積極的で主体的な存在なのである。

あらゆることは最終的には自分が決める。この自己決定性が個人の目的を決め、その目的に向かうその人なりのやり方、すなわちパーソナリティともいえるライフスタイルを作り上げていく。

自分が関わる人生のあらゆる事柄について、自分で受け止め、自分で判断し、自分で行動するという自己決定性が貫かれていれば、人はたとえその結果がうまくいかなかった場合でも、自分で納得し、それを受け入れることができる。そして、次にどうすればよいかについて主体的に考えて取り組むことができるだろう。このことは、結果がうまくいった場合はさらに強くいえることだ。

自己決定性の関与していない事柄については、たとえ結果がうまくいった場合でも、自分に自信を持ち、自尊の感情を高めることはできないだろう。その結果を、自分が関われない運や他人のせいにしてしまいがちだ。つまり、仕事がうまくいったのは、たまたま運がよかったから、あるいは上司の根回しがあったからといった具合だ。このことは、結果がうまくいかなかった場合は、さらに強くいえるだろう。

自分のことは自分で決める。この自己決定性こそが、物事を考え、判断するときの要点である。それが結果に対する責任感を強め、ひいては人の心を育て安定させることにつながる。

「何で他人が俺の進む道を決めんねん……自分の道は、自分が決める」とは、サッカーの**本田圭佑**《ほんだけいすけ》選手の言葉である。

自分のことを他の人に決めてもらうのではなく、自分で決めることがなぜ大切かといえば、それは自分の人生を一番よく知っているのが自分自身だからである。抱えている問題にどう対処したらよいかは、自分のことを知らない他者の解決法よりも、それを知っている自分の解決法のほうが適切だ。

また、自分の問題を他者に判断してもらうことに慣れてくると、自分で決断することができなくなってしまう。このことも、自分のことを自分で決めなければならない理由である。自分の問題を解決するのに一番適しているのは自分自身であるということを、人はよく理解しておくべきだ。

◆幸福は心のありようで決まる

アドラーの教え㉒
人生の幸福のほとんどは、自分の心のありようで決まってくる。なぜならば、自分の経験をよく理解するのも、悪く受け取るのも、自分自身にかかっているからだ。自分の

生まれや家庭環境によって人生の幸福が決まるのではない。あなたの心のありようこそが決め手なのである。

人は、たとえ同じ経験をしたとしても、それに同じ意味を与えるわけではない。人によって自分の経験をどう意味づけるかは違うし、自分が生活している状況をどう解釈するかも自《おの》ずと異なっている。従って、たとえ同じ経験をしたとしても、誰もが同じように考え、同じように発想するとは限らないのだ。

ここに、その人らしい個性が現れてくる素地がある。人が自分や周りの環境をどう意味づけるか、それを最終的に決めているのは、自分自身の心のありようなのだ。

人は、経験することによって自分を決めているのではなく、その経験にどのような意味を与えたかによって自分を決めている。経験したことをよく理解するのも、悪く受け取るのも、自分自身にかかっている。

経験したことをよく意味づけすれば、そこから自分への肯定的な理解が生まれるし、自尊感情も生まれてくる。そして、たとえうまくいかなかった経験であっても、それを肯定的に意味づけすれば、そこから改善の余地も生まれてくる。

しかし、経験したことを悪く意味づけ、その原因を自分の生まれや家庭環境、あるいは他者や運などに求めれば、その人の生き方は改善されないどころか、より低迷してしまうだろう。自分が劣っていると感ずるのは、そのような意味づけを自分がしているからだと理解すべきなのだ。

このように、経験をどう意味づけするかは自分自身の心のありようにかかっており、それが自己決定性の持つ意味。「世の中、自分の経験をよく意味づけすればうまくいくと考えるのは甘いのではないか」と考えるのも、あなた自身の意味づけである。

自分の経験に対して否定的な意味づけをし続けていくことが、あなた自身の生き方やあり方をよくしていくというのなら、それはそれでよいだろう。しかし、それではうまくいかないのだ。

◆自分が自分で人生を困難に

アドラーの教え㉓

人生が困難なのではない。あなたが人生を困難にしているのだ。いまの自分を変えることができれば、人生は困難なものではなく、きわめてシンプルなものになってくる。自分が変われば困難な事態も変わり、人生も変わってくる。もし、自分が変わらないの

であれば、それは変わらないことを自分で決めているからなのである。

あなたが職場の人間関係に悩み、仕事がうまくいかなくて困っているときは、自分の人生が辛《つら》く苦しいものだと感ずるだろう。しかし、それは人生そのものが困難なのではなくて、自分自身が人生を困難にしているのだ。本来、人生はきわめてシンプルなのである。

人生を辛く苦しいものと感じている人のなかには、いまとなっては自分の力の及ばないこと、たとえば自分の生まれ育ち、あるいは学歴などに原因があり、自分は決して悪くないと思っている人が意外に多い。自分自身のなかに問題があるということには、思いが及ばない。あるいは、そのことを認めようとしないのである。

自分以外に責任を求め、自分には責任はないとし、自分を変えようとしないところに、辛く苦しい人生の理由がある。しかし、人生の意味は、人が自分自身に与えるもの。つまり、次のように考えればよいのだ。

——いまの自分を変えることができれば、人生は困難なものではなく、きわめてシンプルなものになってくる。

自分の人生を決めているのは、運などの外的なものではなく、努力などの内的なものとして受け止める。そして、人生のすべてのことは自分自身で決めてきたと受け止める。それらができれば、私たちは、いつでも、そのときから自分を変え、人生をシンプルなものに変えることができる。もし、自分が変わらないのであれば、それは変わらないことを自分で決めているからである。

サッカーの**三浦知良**《みうらかずよし》選手は、「頑張れば必ず夢がかなうってわけじゃない。大事なのは、結果が出なくても人のせいにしないことじゃないかな。悪いときは、つい誰かのせいにするけど違うんです。自分自身に原因があるんです。勝負事に運は必要だが、それ以上に大切なのは毎日努力を続けることだ。コツコツやってきたことが実って結果となる。その積み重ねが運をも呼び込む」といっている。

◆私たちは自分の行動の主人である

アドラーの教え㉔

私たちは、自分の人生を自分で作っていかなければならない。自分で行ったことの結果は、自分で責任を持たなければならない。なぜなら私たちは、自分の行動の主人だからである。自分自身により厳しくあること、自分自身で責任をとるという自覚を持つこと、これが自己決定性に求められる要点である。

図表2　成功・失敗の帰属モデル

統制の所在／安定性	安定	不安定
内的	能力	努力
外的	課題の難易度	運

あなたは仕事がうまくいったとき、あるいはうまくいかなかったとき、それをどのように受け止めるだろうか。つまり、仕事の成功や失敗の理由をあなたは何に求めるか、ということである。

心理学では、人の成功や失敗の受け止め方について、図表2のようなモデルが提唱されている。成功や失敗を何に帰属させるかは、その方向性によって二つの種類に分けられる。

一つは内的帰属と呼ばれるもので、成功や失敗の理由を能力や努力といった、その人の内部に求めるもの。もう一つは外的帰属と呼ばれるもので、成功や失敗の理由を課題の難易度や運といった、その人の外部にあるものに求めるものである。

このモデルでは、成功したときの理由を内的で安定的なものに求めると、たとえば成功したのは自分の能力のためだと解釈すると、次の行動への期待と価値づけが高まり、やる気が最も大きくなる。

また、失敗したときの理由を内的で不安定なものに求めると、たとえば失敗したのは自分の努力が足りなかったためだと解釈すると、これも次の行動へのやる気を高める。

一方、成功したときの理由を外的で安定的なものに求めると、たとえば成功したのは課題が易《やさ》しかったからだと解釈すると、次の行動へのやる気が低くなってくる。また、たとえば失敗したのは運が悪かったためだと解釈すると、これも次の行動へのやる気を低くしてしまう。

つまり、行動の結果を自分以外のもののせいにするより自分自身のせいだとするほうが、次の行動への正の意欲を高めることになり、かつ、それを決めているのは自分自身だということになる。まさに自己決定性によるのだ。

私たちは、自分の人生を自分で作っていかなければならない。自分で行ったことの結果は、自分で責任を持たなければならない。なぜならば、私たちは、自分自身の行動の主人だからである。

自己決定性は、自分自身により厳しくあることを求め、さらに自分自身で責任を持つことを求めるもの。従って、成功した場合はもちろんのこと、たとえ失敗した場合でも、その結果を納得して受け止めれば、その後の自分の行動や生活の仕方を改善していくことにつながるのだ。

生活のなかで起こるさまざまな物事の結果を、他人のせいではなく、自分の責任として受け止めることができるようになれば、あなたの人生と人間関係は大きく好転するはず。どのような結果を経験したとしても、それに対する責任は自分で引き受け、自分が下す判断の基点を外部から自分の内部に移すのだ。それが人生をよりよく生きることにつながっていく。

◆パーソナリティも変えられる

アドラーの教え㉕

自分が人生を作っていることを強く意識すべきである。自分が人生の主人公であることを知ったとき、人は自分が動くしかないことを悟る。人生の課題がいままでよりもうまくいっていると思えるならば、それはあなた自身がそのようにしようと自ら行動を起こしたからである。

過去の出来事や運に原因を求めて人生を困難にするのはやめて、人生に対する自分の受け止め方を変えることによってシンプルなものにしていけば、辛くて苦しい人生が変わってくる。自分の人生は自分が作っているのであって、この人生の主人公は自分自身であることを知ったとき、人は自分が動くしかないと考えるようになる。

人生をシンプルなものだと受け止めたとき、その人は人生の主人公になり、自発的に行動を起こすようになるのだ。

また、やろうと思ってできることをすれば、事態は変わるときには変わるものだということを忘れないでほしい。自分で考え、決定したならば、とりあえずできることからやってみる。そこから、あるいはそこからしか、自分や人生を変えていくことはできない。

人生を複雑に考えない、シンプルに考える。このことが、自分や人生を変えていく秘訣《ひけつ》である。

アップル社の共同設立者**スティーブ・ジョブズ**は、「物事をシンプルにするためには、懸命に努力して思考を明瞭にしなければならない。だが、それだけの価値がある。なぜなら、一たびそこに到達できれば、山をも動かせるからだ」といっている。

人は、いつでも自分の状況に対して能動的に応答して生きている存在だ。自分の力でいまある状況を切り開いて生きていく能力がある。どのような状況にあっても、自分の生き方を選択し決断する自由意志、すなわち自己決定性という能力を持っている。

このように、人は自分の人生の主人公なのだから、いつでも自分を変えることができる。

パーソナリティも変えることができる。もう大人なのだから、パーソナリティを変えることなどできはしないと考えるのは早計だ。人は自分自身を変えられるだけでなく、行動によって状況を変えていくこともできるのである。

人生の課題は自分で解決できるという信念を持つことが、自己変革の大きな力になる。もし、あなたが人生の課題がいままでよりもうまくいっていると思えるならば、それはあなた自身がそのようにしようと自ら行動を起こした結果なのである。

◆他者に促されて行った判断でも

アドラーの教え㉖

他者に促されて行った判断も最終的には自分が受け入れ同意したものであり、それは自分が判断して行ったものである。自分で決断したことは自分で責任を持つべきであり、他者のせいにしてはいけない。

自分のこれまでの人生が、親から受け継いだ遺伝や育てられた家庭環境、学んだ学校や就職した職場などにより影響を受けてきたとはいえるだろう。これらの要因が、あなたの人生を動かしてきたものであることは否定できないが、それ以上に大きく影響を与えてきたのは、自分がこれまでの人生で下してきた無数の判断、そして決断である。これらは、あなた自身が自発的、自主的に行ってきたものであり、まさに自己決定性によるものである。

「自分の下してきた決断には、自分で判断して行ったものもあるが、親や教師、あるいは上司から促されて行ったものもあり、すべてが自分の自発的、自主的なものではない」と反論したい人もいるだろう。しかし、他者に促されて行った判断も、最終的には自分が受け入れ同意したもの、それは自分が判断して行ったものなのだ。

誰か他の人からの指示で決めたのだと自分に言い聞かせれば、判断した結果に対する責任を回避することはできるだろう。しかし、それを続けていれば、いつまで経っても自立した社会人にはなれない。

少なくとも物心がついた後の自分の人生について、私たちは責任を持たなければならないし、社会もそれを求めるだろう。最終的に、どの学校に進学するかを決めたのも自分、現在の会社を選んだのも自分、家業を継ぐことを決断したのも自分、結婚の相手となる人を選んだのも自分……なのだ。

だから、もしあなたが現在の状況が嫌で受け入れられないと思っているならば、いまからでも会社や家業を辞め、あるいは配偶者と別れる決断をすることはできるはずだ。少なくともその選択権を、あなたはいまも持っている。どうするかは、あなた自身が責任を持って決定することだ。

◆いま抱えている問題と目的の関係

アドラーの教え㉗

私たち一人ひとりが持つ自己決定性は、人としての自由に支えられたものである。だから、いつでも自分の意思で自分を変えることができる。責任は伴うが、できないことはない。人は、どんなことでもできるのだ。

何かを選ぶ決定をするのも自分、選ばない決定をするのも自分……そういわれると、なんだか頭が重たくなるような気がするが、見方を変えれば、これほど自由なことはない。自分の判断と行動は、他の誰でもない自分自身で決定することができるのだ。自己決定性は、人としての自由に支えられたものなのである。

もちろん自己決定には責任が伴うが、自分で判断し決めたことであれば、その結果がどうであろうと、納得して受け入れることができるはずだ。そして、あなたは次の目的を考え、それに向けて新たな行動をとっていくことができる。できないことはない。人はどんなことでもできる。私たち一人ひとりが持つ自己決定性は、人としての自由を与えてくれるものといってよいだろう。

人は自分の目的によって行動を決めていくわけだから、いつでも自分の意思で、自分を変えることができる。自己決定性は、その人の目的と一体になって、私たちの行動を決めているのである。

フロイトが主張していたように、人の行動は過去の経験によって決められているのではない。過去の原因は、いまの自分の問題を解説してはくれるが、決して解決はしてくれないのである。

自分の意思で過去を変えることはできないが、未来の目的は変えることができる。もし、それでもうまくいかなければ、目的をさらに修正し、変えていけばよい。そうして、その目的に合った行動をとっていく。

現在、自分が抱えている問題は、いまさらどうすることもできない、ということはない。そう考えるのは、原因論によるものだ。自己決定性によって目的を考え直し、行動を選び直せば、問題解決の糸口は、必ず見つかるはずなのだ。

◆健全な人は相手を変えずに自分を

アドラーの教え㉘

健全な人は、相手を変えようとせず、自分を変える。不健全な人は、相手を操作して変えようとする。私たちは、他人の心は簡単に操作できないということを悟らなければならない。そうでなければ、自分自身が疲弊《ひへい》し壊れてしまう。

過去を変えることはできないが、自分以外の他人を変えることも難しいことだ。人は、時として自分のために、あるいは目的のために他人を操作し変えようとすることがある。その人のために、その人を変えようというわけではない。自分のために、その人を変えようとする場合である。

「この人が自分の思うように考え、自分が望むように振る舞ってくれれば都合がいいのに」などと考える。このようなときには、往々にして、その人に嘘をついたり騙《だま》したり、あるいはそこまでいかなくても誘導したり、煽《おだ》てたり、ことさら親切にしたりする行動が多く見られるもの。まさに、人の心を操作しようとする行動が出てくるのだ。

たしかに、それでうまくいく場合もあるだろうが、そう簡単にはいかないことも多い。そうなると、さらに相手を操作する他の手を考えて実行することになる。しかし、このようなことをいつまで続けるのだろうか。

そうした行為は、相手との人間関係によい影響を与えることはないし、いつかは破綻《はたん》してしまうだろう。さらに、そうした行為をとり続けていくことは、自分自身の心の健康を損ねてしまいかねない。

健全な人は、相手を変えようとせず自分を変えるが、不健全な人は相手を操作し変えようとする。他人を変えるのではなく、自分が変わる。共同体感覚に則して。それが健全な人のとる自己決定性なのである。

そのことによって、相手との信頼関係を作り直していく。それが、結果的には相手が変わる契機にもなるのだ。

一方、そのような自己決定のできない不健全な人は、どうしても過去にこだわり、他人を悪者にし、自分は常に被害者だと思い込む傾向がある。自分は悪くないのだから、自分が変わらなければならないなどとは思わない。

従って、自分から積極的な行動をとることはない。結果として、いつまでも変わらない自分、そしてそのことに気づかない自分で居続けるのだ。

他人の心は簡単には操作できないということを悟るべきである。そこに固執し続ければ、やがて自分自身が疲弊し壊れてしまうことを、私たちは覚悟しておかなければならない。

第四章　共同体感覚——人のために何ができるか

◆周りをよくする判断で人は

アドラーの教え㉙
自分だけでなく自分が所属している共同体の人たちが、また共同体そのものが、よりよくなるような判断や行動をしようとする価値観を、共同体感覚という。私たちの課題は、正しい共同体感覚を身に付けることである。それができれば、私たちの抱える問題の多くは、解決の糸口を見つけることができるだろう。

アドラー心理学では、子どものときから共同体感覚を育てることを重視している。それは、人の行動やそれを支える心の働きが、生まれて以降の社会との関わりのなかで作られると考えているからである。

人が社会に適応するには、他者との関係をうまく作っていかなければならないが、それを支えているのが共同体感覚である。自分だけでなく、所属している共同体の人たちが、また共同体そのものが、よりよくなるような判断や行動をしようとする価値観を指す。

共同体の人たちとしては、家族が一番身近なものであろう。自分の身の回りにいる親や兄弟姉妹、あるいは妻や夫、そして子どもなどは、自分に最も近い共同体のメンバーということになる。その周りに友人や職場の仲間などからなる親密で協力的な共同体があり、さらにその周りを地域社会や国といった大きな共同体、そして人類や地球といった巨大な共同体が取り囲んでいる。

さらに、時間的に見た未来の共同体もそこに加えられることもある。そして究極的には、以上の共同体を包括する「全人類の理想的な共同体」が想定される。従って共同体感覚は、人類全体を包括する理想社会に貢献する価値観であるというのが、最も広い定義となる。

私たちは、こうしたさまざまな共同体に直接的、あるいは間接的に所属し、自らの共同体感覚を育《はぐく》み、適用しているわけである。正しい共同体感覚を身に付けることで、私たちは自分の抱える問題の解決の糸口を見つけることができ、共同体にうまく適応することができるだろう。

◆共同体感覚のある人は自分が好き

アドラーの教え㉚
人には、自分の周りの人や社会と協調していこうとする共同体感覚があり、この感覚を発達させることにより、人や社会との一体感を強めることができる。そこから、他者や社会への貢献度を感じとることができるのである。しかし、共同体感覚を身に付けていない人は、自分の利益のみを考えて行動する。彼らは、他者から信頼を得ることができず、孤立してしまうだろう。

共同体感覚を身に付けることで、人は自分を肯定的に評価し、他者との信頼関係を保ち、社会にも貢献できると感じられるようになる。その結果、共同体への所属感も強めることができる。

共同体感覚を身に付けた人は、自分のことが好きであり、人を信頼できると感じ、人のために役立っていると感ずることができる。それが、その人の幸福感を生み出すのだ。

これらのことからわかるように、共同体感覚を身に付けた人は、自分の利益のためだけに行動するのではなく、他者の利益、組織や社会の利益になるように行動する。人は、社会のなかで他者とともに生活し、そのなかで一定の役割を受けもって活動している。そのことによって他者や社会に貢献し、その結果として自らの幸福感を得ることができるのだ。

映画俳優で監督の**チャールズ・チャップリン**も、「私たちは皆、互いに助け合いたいと思っている。人間とはそういうものだ。相手の不幸ではなく、お互いの幸福によって生きたいのだ」といっている。

共同体感覚を身に付けていない人は、自分の利益のみを考えて行動しようとする。あるいは、自分の利益になる場合にのみ他者と行動を共にしようとする。また、他者を利用しようともする。

そうなると、当然、他者からの信頼を得ることは難しくなる。その人は、その社会で孤立してしまい、安定した所属感を得ることができなくなるだろう。

ここから、共同体感覚の乏しい人は、他者との関係に問題を多く持つことになるし、他者との信頼関係や社会的貢献などの感覚を得ることもできなくなる。結果として、幸福感を得ることが難しくなってしまうのだ。

◆人生の意味が貢献にある理由

アドラーの教え㉛

人生の意味は、貢献、すなわち他者や社会への関心と協力にあることは疑いない。あなたの責任のある貢献が、家族を動かし、組織を動かし、そして社会を動かしていくのだ。そして、それは同時に自分自身の改善、つまり自己変革を伴うものであることを忘れてはいけない。

次のように問う人がいるかもしれない。「もし、いつも他者のことを考え、他者の利益のために自分を捧《ささ》げたら、自分の個性が損なわれるのではないか。まず何よりも自分自身の利益を守り、自分自身の個性を強化することを考えるべきではないか」と。

このような考えは、間違いである。

愛と結婚の例を挙げて説明してみよう。もし私たちが自分のパートナーに関心があるのなら、そしてもしパートナーの人生を安楽にし、豊かにすることに最善を尽くそうと思えば、当然、私たちはそれに見合うよう、自分自身を最善のものにしようとするだろう。

つまり、他者や社会に本気で貢献しようとすれば、いまの自分はそのままで何も変えなくてもよいとは考えないはずなのである。必然的に、自分自身を見つめ、自分をよりよく変えていこうとする努力をしていくはず。他者や社会への貢献の試みは、常に自分自身を変えていくことにつながっているのである。

他者や社会への貢献の結果として残されているものは、すべて人間の生活に役立つものだけである。耕地、道、建物、食物、衣服、そして、伝統、哲学、芸術、科学、技術のなかに、いまも私たちはそれを見ることができる。

これらのものすべては、人間の幸福に貢献した人から私たちに受け継がれてきたもの。発明家の**トーマス・エジソン**も、「私の発明は、すべての人にとって役に立つものでありたい。そして、世界の平和に貢献するようなものでありたい」といっている。人生の意味は、貢献にあるといえるだろう。

◆共同体感覚を育てるためには

アドラーの教え㉜

共同体感覚は生まれつき備わった潜在的可能性としてあり、それは意識して育てなければならない。共同体感覚は、頭のなかで考えて身に付くものではなく、人と関わり、社会と交わることによって身に付くものである。

人が心の安定を得るためには、まず自分が主として生活をしている集団や社会（家族、仲間、職場、地域社会など）の一員であることを明確に感じられることが大切である。いわゆる所属感といわれるものだ。この所属感を持つことによって、私たちは自分の周りの人や社会と協調していこうとする共同体感覚を強めていくことができる。

共同体感覚は誰もが生まれながらに持っている潜在的感覚だが、それは放っておいたら育たない。本人、そして周りの人が意識して育てなければ、共同体感覚を身に付けることはできないのである。

サッカーの**ジネディーヌ・ジダン**選手は、「一番大切なのは、他人を尊重すること。子どもの頃、父から『他人を敬え』といつもいわれてきた。今日までずっと僕は、この掟《おきて》を守るために行動してきたんだ。仲間とサッカーをしているときもね」といっている。幼いときから他者を敬う経験がジダンの共同体感覚を育てたのである。

共同体感覚が身に付いていない人は、たとえば「自分さえよければ他人のことはどうでもいい」「自分のために他人を操作してもいい」、あるいは「将来の自分よりも現在の自分のほうが大事だ」など、自分の利益のみを考えて行動しようとするものだ。これが、私的論理といわれるものである。

一方、共同体感覚が身に付いている人は、たとえば「家族を大切にしよう」「他の人の役に立ちたい」、あるいは「よりよい世の中にしていこう」など、自分がある行動をとろうとするとき、周りの人にどのような影響を及ぼすかを考えて決定しようとする。

このような共同体感覚は、幼児期から意識して育てられなくてはならない。その意味で、親や教師の果たす役割は大きいといえる。しかし、児童期を過ぎれば、その人自身によって意識して育てていかなければならない。

共同体感覚は、頭のなかで考えるだけで身に付くものではない。それは、人と関わり、社会と交わることによって身に付くものなのである。

◆コモンセンスでのいじめ対処とは

アドラーの教え㉝

コモンセンス（共通感覚）は常識というより、他人への配慮を前提とした公共秩序を維持する感覚を意味しており、共同体がよしと考える普遍的な価値観といえるものである。学校に行くのは世の中の常識だが、いじめに遭っているとすれば学校に行かせないのがコモンセンスなのだ。コモンセンスは、時に常識とは異なる判断をするものである。

自分のためだけでなく、他の人のために自分のとる行動を決めていこうとするコモンセンス、つまり「コモン（共通の、普通の）」「センス（感覚、判断力）」が共同体感覚といえるだろう。コモンセンス（共通感覚）は、常識というより公共の場での秩序維持の感覚を意味しており、共同体がよしと考える普遍的な価値観といえるものである。

コモンセンスは必ずしも常識ではないので、たとえば子どもが学校へ行くのは世の中の常識だとしても、もしいじめに遭っているのであれば、学校へ行くのが当たり前とはいえないだろう。むしろ、この場合は学校に行かない、行かせないのがコモンセンスなのだ。

このコモンセンスの対極にあるのが私的論理である。これは、自分だけはよしとするが、共同体ではよしとしない意味づけの仕方のことをいう。

私的論理からコモンセンスへと進化してできあがる共同体感覚は、実生活における体験に基づいて作り上げられるものであり、繰り返される練習によって身に付いていく。本当は自分のためにしているのに、あたかも人のためにやっているように見せかけた行動は、共同体感覚によるものではない。自分の行為が、本当に相手のためになる、共同体の利益になるものであるとき、初めてそれは共同体感覚によるものだといえるのだ。

◆共同体感覚を得ると心の健康は

アドラーの教え㉞
人を信じ頼りにする、人の役に立つ、人とつながる。信頼感、貢献感、所属感からな

る共同体感覚を持つことで、私たちは共同体の一員として安定して生活していくことができる。心の状態が健康であるには、共同体感覚を身に付けることが必要である。

共同体感覚を構成する主な感覚は、①信頼感　②貢献感　③所属感　の三つである。

共同体感覚とは、他者は私を援助してくれる、私は他者に貢献できる、私は仲間の一員であるという感覚。他者は私を援助してくれると信頼し、だからこそ私も他者のために貢献できると感ずる。その結果として、私は共同体の一員であるという所属感を持つことができるのだ。

人は、共同体のなかに自分が所属することを目的とする。私たちは一人では生きていくことができないからだ。

所属を果たすために共同体のメンバーを信頼し、またメンバーの役に立たなければならない。人を信じ頼りにする、人の役に立つ、人とつながる……この信頼感、貢献感、所属感からなる共同体感覚を持つことで、共同体の一員として安定して生活していくことができる。

この三つの感覚は、相互に連携し、影響し合う関係にある。連携がうまくいけば共同体感覚は活発に働き、集団への適応を促進させる。しかし、連携がうまくいかなければ共同体感覚の働きは適切性を欠き、集団への適応を困難にしてしまう。

共同体感覚は、その人の心の状態が健康であるかどうかを示すバロメーターなのだ。

精神的に健康な人とは、「他の人が自分に何をしてくれるかではなく、自分が他の人に何ができるか」を共同体感覚に従って考える人。「国があなたのために何をしてくれるのかを問うのではなく、あなたが国のために何をなすことができるのかを問うてほしい」とは、アメリカ合衆国第三五代大統領**ジョン・F・ケネディ**の言葉であるが、これは共同体感覚に通ずるものである。

信頼感、貢献感、所属感の共同体感覚が健全に連携し満たされたとき、私たちの心は健康な状態にあり、幸せを感ずることができるのだ。

◆所属する社会の安定性次第で

アドラーの教え㉟

「私は自分に対しても他者に対しても信頼できる存在である」——正しい共同体感覚は、この信頼感から生まれてくるものだ。ものの受け止め方や考え方が理由もなく変わる人、気分や感情の変化が激しい人は、相手に対して一貫した態度や行動をとり続けることができない。そのような人は、信頼されないだろう。

自己信頼感、あるいは他者信頼感は、共同体感覚の軸となる感覚である。この感覚がどのようにして生まれてくるかといえば、自分や周りの人の一貫した判断や行動から生まれてくる。つまり、自分が行う判断や行動に対して、周りの人が一貫した態度や行動で返してくることが予測できるので、その相手に対する信頼感が生まれてくるのだ。相手の態度や行動がその都度《つど》変わるようであれば、その人に対する信頼感は生まれてこないだろう。

人が示す態度や行動の一貫性は、一つにはその人のパーソナリティ、すなわちライフスタイルに関わっている。ものの受け止め方や考え方が理由もなく変わる人、気分や感情の変化が激しい人などは、相手に対して一貫した態度や行動をとり続けることができない。当然、そのような人には信頼を寄せることができないだろう。

また、人が示す態度や行動の一貫性には、その人の対人関係のとり方も関係している。人に対する信頼感は、相手と直接会ってコミュニケーションをとり、お互いに理解を深めることから生まれてくるもの。間接的なコミュニケーションだけでは、信頼感は育たない。

人が示す態度や行動の一貫性には、その人が所属する社会や文化も影響している。つまり、人に対する態度や行動にも、その社会や文化に対する信頼感がベースとして影響しているのだ。

社会の習慣、常識、マナーや規則など、社会的、あるいは文化的な基盤への信頼が、個人の他者に対する態度や行動の一貫性に反映すると考えられる。所属する社会が大きく変動し混乱してくれば、その基盤への信頼は低下して失われ、人への態度や行動の一貫性もなくなっていくだろう。

所属する社会の安定性が社会への信頼を増し、人への態度や行動の一貫性を保障しているといえる。このことは、たとえば上記の「社会」を「会社」や「家庭」に置き換えても同じようにいえるだろう。

◆人が自ら進んで貢献する状況

アドラーの教え㊱

人は社会から多くのものを与えられて生きているが、自分も社会に貢献しながら人生を送っている。人が社会に存在する意味は、その貢献にある。私にはこの世に存在する意味があり、私はこの世に貢献する存在であると思えたとき、人は幸福だと感ずることができるのだ。

貢献感は、共同体のなかで一定の役割を果たしている、また必要とされているといった感覚を意味している。人は、他の人の役に立ちたい、他の人から必要とされる存在になりたいという欲求を持っている。その欲求を満たすことで認められ、評価される人間になりたいと願っているのだ。

他者から自分がかけがえのない存在として受け入れられれば、相手がたとえ一人の人であったとしても、生きていくうえで大きな喜びになり、力となるだろう。この世に存在する意味があり、この世に貢献する存在であると思えたとき、人は幸福だと感ずることができる。

このように社会に貢献していると感ずることができれば、それは自分の自信になり、自己信頼感を高めることにもつながる。職場のなかで自分が任せられた仕事をこなし、一定の成果をあげる。自分の仕事が他の人の仕事にも役立つ。新しい企画を提案し、上司から評価される。こうした経験は、その人の貢献感を強くし、共同体感覚を高めていく。

家庭でも職場でも、それぞれが貢献感を確認し、強めていくことが、共同体感覚を育てていくうえで大切である。その意味で、親や上司の役割は大きい。

家庭では、現在、子どもが家事に関わる仕事をする機会が極端に減っている。食事の準備や後片付け、部屋や庭の掃除、お使いなど、家庭での仕事のなかで子どもが一定の役割を果たす機会がなくなってきているのだ。従って、子どもは、家庭での仕事を通して得られる

「自分でもできるし、家族の役に立っている」という貢献感を経験する機会を奪われているのである。

職場では、それぞれに仕事上の役割が決まっている。従って、役割を果たす機会はあるのだが、その人が果たした役割や達成した成果について、上司や職場側からその評価を適切に伝えることが貢献感を強めていく。

伝え方は、褒めたり叱ったりというやり方ではなく、その人の仕事への取り組みの姿勢や態度、または達成した成果に対して感謝や喜びの気持ちを伝える勇気づけのやり方をとる。「よくできたね」と褒めるのではない。「ありがとう」「助かった」と感謝の気持ちを伝えるのだ。感謝される喜びを体験すれば、人は自ら進んで貢献を繰り返すだろう。

◆貢献感は自己満足でもよい

アドラーの教え㊲

勇気づけによって、その人は自分が社会に対してどのように、またどの程度貢献しているのかを知ることができる。そこから、人は自分とはこういう人間なのだというアイデンティティを確認することができるのだ。

勇気づけという上司や職場からのフィードバックがないと、自分がこの職場で役に立っているかどうか、貢献しているかどうかを確認することが難しくなる。そうなると、職場における自分の存在、いわゆるアイデンティティを作り上げていくことが難しくなってしまう。

共同体感覚における貢献感は、「自分とはこういう人間だ」というアイデンティティの形成に役立つ感覚でもある。他者からの勇気づけによって、人は自分が社会に対してどのように、またどの程度貢献しているのかを知ることができるのだ。

アイデンティティを明確に持っているかどうかは、家庭や職場における個人の活動に大きく影響する。明瞭なアイデンティティは、その人の物事の受け止め方や判断の仕方、そして行動のとり方をより明確なものにする。よって、職場における上司や同僚の勇気づけは、個人のアイデンティティ形成に関わり、職場での活動にも影響することを忘れてはいけない。

貢献感について、最後に一つ付け加えておきたい。貢献感は他者からの勇気づけによって確認され、強められると述べた。このことは間違いないことだが、自分は役に立っていると実感するために、人から感謝されたり褒められたりすることは必ずしも必要ではない。貢献感は自己満足でもよいのだ。

真の貢献感は、他の人から認められなくても、たとえ誰も自分の行為に気づかなくても、

「自分のしたことは誰かの役に立った」と、自分で感じられればよいということなのである。

人知れず自分で行ったことが、ある人の役に立っていると自分で感じ、そう思うことができれば、それでもよいということ。貢献感は、他者に依存しない自己満足のものでもよく、そうであっても人の共同体感覚は伸びていくのだ。

◆「私には居場所がない」の背景

アドラーの教え㊳

私には居場所がある。私には価値があるといえる場所がある。しかし、共同体感覚の低い人はこのように思うことができず、私には居場所がないと感じてしまうのだ。所属感を持つためには、健全な共同体感覚を獲得していくしかない。

所属感は、共同体のなかに自分の居場所がある、自分には価値があるといえる場所がある、と思えることである。しかし、共同体感覚の低い人は居場所がないと感じていることが多い。

学校に行けない不登校の子ども、引きこもりの青年、出社できない会社員、アルコールやギャンブルに依存している人、そして精神を病んでいる人など、私たちの社会にはさまざまな問題を抱えながら生きている人がいる。その原因は、もちろん家族や会社などにもある。しかし、これらの人に共通するところが一つある。それは、共同体感覚がおしなべて低いということである。

これらの人は、何よりも自分のことを優先して考える。自分の利益、自分の安心、そして自分の世界をまず大切にし、それに固執し守ろうとして、他者の介入を受け付けようとしないのである。その意味で、彼らはきわめて自己中心的な世界を持ち、他者を受け入れない頑《かたく》なな意思を持っている。

他者より自分のことを優先する彼らは、相手との関係を次のようにとらえる。「他者は自分のことを援助してくれる存在とは思えない。それどころか、自分を脅かす敵として存在する」と。当然、自分が相手に貢献するとは考えていない。結果的に、彼らは共同体への所属感を持つことができず、そこから孤立して、自分には居場所がないと感じてしまうのだ。

こうした孤立感を補償するために、各種の問題行動や神経症状が出てくる。

それでは、このような人が自分の問題行動や神経症状を軽減し、なくしていくには、どうしたらよいのだろうか。この問いに対しては、健全な共同体感覚を獲得していくこと、と答えるしかない。それができれば、問題や症状は解決されるだろう。

◆彼の人生は完全で最悪だった

アドラーの教え㊴

仕事で失敗したくないなら、仕事をしなければいい。人間関係でいやな思いをしたくないなら、誰とも付き合わず、自分一人でいればいい。しかし、それでは生きていないのと同じではないか。

不登校の子どもは、たとえば「いじめられるから学校に行けない」と訴え、親や教師に「それがなければ学校に行けるのに」と、自分への理解を求めるケースがある。また、仕事で結果の出せない人が、「体が弱いから思うように仕事ができない」と訴え、家族や会社に「そうでなければ仕事ができるのに」と自分への理解を求めることもあるだろう。

これらのケースは、「……だから……できない」という言い方で、自分の現状を過去の原因によって説明し、「だから自分が悪いわけではない」と訴えているのである。しかし、こうしたケースには、「学校に行きたくない」「仕事をしたくない」という隠された目的のあることが少なくない。彼らには、学校や会社に居場所がないのである。信頼する他者もいないと感じているのだ。総じて彼らの共同体感覚は低いと見なければならない。

「仕事では失敗はありませんでした、働かなかったからです」「人間関係で悩みはありませんでした、人の輪に入らなかったからです」——すると、彼の人生は完全で、そして最悪だったことになる。このように、共同体感覚を持たなければ、その人の居場所は共同体のなかにはない。

本来、健全な共同体感覚を持っていれば問題行動や神経症状は現れず、学校や会社で居場所を持つことができたのに、共同体感覚が低いがゆえに自分の居場所を持つことができず、その劣等感の補償として問題行動や神経症状が現れた、と考えることができる。

彼らからすれば、必死の思いで自分の存在感を示そうとしたのだが、そのために問題行動や神経症状が現れてしまった。それによって彼らが得るのは、本来の意味での居場所ではない。他者とつながり自分を共同体の一員として感じられる居場所ではないからだ。

◆迷ったらより大きな集団の利益を

アドラーの教え㊵

判断に迷ったときは、より大きな集団の利益を優先することだ。自分よりも仲間たち、仲間たちよりも社会全体、そうすれば判断を間違うことはないだろう。本当に幸せになれる人は、この判断の仕方を身に付けた人である。

いかなる完全な人も、共同体感覚を育成し十分に実践するのでなければ、成長することはできない。それでは、共同体感覚を身に付けるにはどうしたらよいのだろうか。

この問いに対しては、相手の立場に立って、その人の心のあり方を想像できるようになることが基本だ、そう答えることができる。自分がこのような行動をとれば、それは相手にどのように受け止められるのか、またどのようなことをもたらすのかといったことを、いつも想像しながら決めていくのである。

スティーブン・コヴィーは、「人間関係について私がいままで学んだ最も大切な教訓を要約すれば、まず相手を理解するように努め、そのあとで自分を理解してもらうようにしなさいということである。この原則が、人間関係における効果的なコミュニケーションの鍵なのである」といっている。

相手の気持ちを想像して思いやることができず、自分の思いだけで行動してしまうのでは、問題行動や神経症的症状を改善することはできない。自分の思いだけで暴走するストーカーのような未熟な自己愛の持ち主などのケースは、まさにこれに当たる。

共同体感覚を身に付けるには、頭のなかで考えるだけではなく、自分のとる行動の一つ一つについて、「この判断は、自分のためだけでなく、人の利益にもなるだろうか」、そして「この行動は、自分だけでなく相手の利益にもなるが、それでは自分が所属する組織や社会にとっては利益になるのだろうか」と、より大きな共同体のためになっているかどうかを考えて実行することが大切である。

行動として実践して初めて、共同体感覚は意味のあるものになる。

共同体感覚が身に付いていない人は、自分の行動が自分以外の人、あるいは共同体にどう影響するかを考えようとせず、自分の利益しか目に入らない。しかし、それが身に付いている人は、自分の利益だけでなく、より大きな共同体の利益にもなるように判断して行動をとる。

共同体感覚を身に付けるコツの一つがここにある。すなわち、判断に迷ったときは、より大きな集団の利益を優先することだ。自分よりも仲間たち、仲間たちよりも社会全体……そうすれば判断を間違うことはないだろう。

自分、家族、仲間、学校、会社、そして社会など、それぞれの集団の利益と不利益、メリットとデメリットが異なるとき、あなたが下すべき判断の基準は、より大きな集団の利益、そしてメリット——これこそが、共同体感覚の意味なのだ。

◆人の心がわかる心を持つと

アドラーの教え㊶
共同体感覚を身に付けるには、相手の立場に立って、その人の心のあり方を想像できるようになることを基本とする。人の心を知る力は、人と直接関わるなかで獲得される能力。人と喜びや不安を共有することによって習得されるものなのだ。

相手の立場に立って、その人の心のあり方を想像できることを、心理学では「心の理論を持つ」という。見えない他者の心の働きに気づき理解することができれば、その人は心の理論を持っているのである。

たとえば、ある人が上司の様子から、「自分が今日、得意先でしてきた商談がうまくいかなかったことを知っているな」と思ったとき、その人は心の理論を持っているわけだ。この場合、上司が商談の結果を実際に知っているかどうかは問題にしない。

つまり、心の理論を持つとは、他者も自分と同じように考え、意図し、信じ、望み、あるいは予想するであろうと信じていることをいう。要するに、自分だけでなく人にも心があるということをよく理解しているのだ。

人の心を知る力は、人と直接関わるなかで獲得される能力である。人と喜びや不安を共有することによって習得されるものなのだ。それは、優れた画家が肖像を描こうとする人の顔に、その人から感じとった心を描き入れることに似ている。

人の心がわかるということは、その意味で、芸術にも匹敵するものでもある。

心の理論を持つことにより、私たちは他者の行為をその心の状態に基づいて予測し、説明できるようになる。相手に対する共感や思いやりの気持ちも、相手が嘘をついたり欺《あざむ》いたりする行為も、心の理論を持つことによって判別できるようになるのだ。

このように心の理論の獲得は、他者の心を理解するためには必須のものであり、その獲得によって私たちは他者への思いやりや共感といった対人関係を形成する大切な心の働きを得る。そして、それが共同体感覚を身に付けることに大きな影響力を持っているのである。

第五章　ライフスタイル――自分らしい生き方を

◆行動に首尾一貫性を与えるもの

アドラーの教え㊷
すべての人は、自分自身や人生の諸問題について、一貫した行動の法則を持って生きている。これがライフスタイルである。健全なライフスタイルを持つ人は、決して孤立することはなく、その人の周りには必ず人が集まってくる。

人は、自分や人生の諸問題について、一貫した行動の法則を持って生きている。これがライフスタイルだ。つまり、ライフスタイルとは、その人固有の生き方あるいは信念体系のことであり、その人の行動を決めている内的システムのことをいう。ライフスタイルは、遺伝的要因と環境的要因の相互作用によって作られる。

このように、その人らしいものの考え方や行動のとり方、言い換えれば人生をどのように意味づけ、どのように生きるかという独自のあり方をライフスタイルというので、心理学用語ではパーソナリティ（性格、人格）がそれに近いものといえる。

性格は、遺伝的要因の影響がやや強いパーソナリティ、それに対して人格は、環境的要因の影響がやや強いパーソナリティとして使われることが多いので、性格と人格を合わせたような概念がライフスタイルだといえるだろう。ライフスタイルは変えることが可能なので、変えにくいという印象のある性格や人格ではなく、この言葉を使うことが適切だと考えた。

人は目標を持ち、それに向けて行動をとるが、目標を達成する仕方や取り組み方は、人それぞれで違う。これは共同体感覚により影響を受けるが、そこに違いが出てくるのはライフスタイルが違うからである。

ただライフスタイルは、その人の持つ目的や目標に基づいているので、あらゆる行動に首尾一貫性をもたらす役割をしている。ここから、他者とは違う独自性、つまり個性が出てくるわけである。

たとえば、ある人がお腹の調子が悪いので治したいと思ったとする。その目的のために、「ここのところ飲み過ぎたからな、しばらく控えよう」「これくらいのことなら、仕事をしていればそのうち治る」「病院に行くほどではないな、市販の薬を飲んでおこう」「病院に行って診てもらおう」などの行動をとることが予測される。そして、どの行動をとるかを決めているのがライフスタイルなのである。

ライフスタイルは、その人の行動に首尾一貫性をもたらすので、ライフスタイルがわかっていれば、どのような行動をとるかを予測することができる。

このライフスタイルは、人の心のなかに作られたシステムである。それが生き方を方向づけ、人生を形作る実質的な働きをしている。健全なライフスタイルを持てば、人の心をよく理解することができ、決して孤立することはない。その人の周りには、必ず人が集まってくるものだ。

◆自分の現状・未来と世界の見方で

アドラーの教え㊸

人は、三つの信念を持つことによって自分のライフスタイルを作っている。それは、「自分とはどのようなものであるか」「人生とはどのようなものであるか」「自分とはどうあるべきか」という信念である。これらの信念を明確に持てない人は、自分がどのようなライフスタイルを持つ人間なのかを理解することはできないだろう。

ライフスタイルを構成する要素としては、①自己概念　②世界像　③自己理想　の三つがある。

自己概念とは、自分がどのようなものであるかについての意味づけのこと。自分の現状についてどう思っているか、つまり「私は……である」という信念に関わる要素である。たとえば、「私は、体が強い（弱い）」「私は、性格が明るい（暗い）」「私は、仕事ができる（できない）」など、自分自身についての価値判断のことをいう。

世界像とは、自分の周りの世界が自分にとってどのようなものであるかについての意味づけのこと。世界の現状についてどう思っているか、つまり「世界・人生・人間は……である」という信念に関わる要素である。たとえば、「世界は、安全（危険）である」「人生は、楽しい（辛い）」「人間は、信頼できる（信頼できない）」など、自分を取り巻く状況についての評価のことをいう。

自己理想とは、自分はどうあるべきかについての意味づけのこと。自己の理想の状態についてどう思っているか、つまり「私は……であるべきである」という信念に関わる要素である。たとえば、「私は、いつもトップでいるべきである」「私は、仲間から尊敬されるべきである」「私は、特別な人間であるべきである」など、理想とする自己についての評価のことをいう。

これら三つの要素の組み合わせから、一人ひとりのライフスタイルが作られている。つまりライフスタイルは、その人自身の現在と未来、そして人生や世界についてどう意味づけするか、また、目標をいかに達成するかに表れている。言い換えれば、その人が自分自身の現状と未来を、そして世界をどう見ているかがわかれば、ライフスタイルを明らかにすることができるということになる。

◆ライフスタイルの型でわかること

アドラーの教え㊹

すべての人は、独自のライフスタイルを持っている。アドラー心理学では、それをいくつかのタイプに類型化し、個人のライフスタイルがどのタイプに近いかを判断するという考え方をとっている。ライフスタイルにどのようなタイプがあるかを知れば、人の心と行動を理解するのに役立つだろう。

ライフスタイルは、一人一人異なるものであるというのが基本的な考え方である。しかし、現代のアドラー心理学では、それをいくつかのタイプに類型化し、ある個人のライフスタイルがどのタイプに近いかを判断して用いる。ライフスタイルのタイプを知ることが、人の心と行動を理解するのに役立つと考えられるからだ。

ライフスタイルの類型を、ここでは①安楽でいたい型　②好かれたい型　③優秀でありた

図表3　最優先目標とライフスタイルの4分類

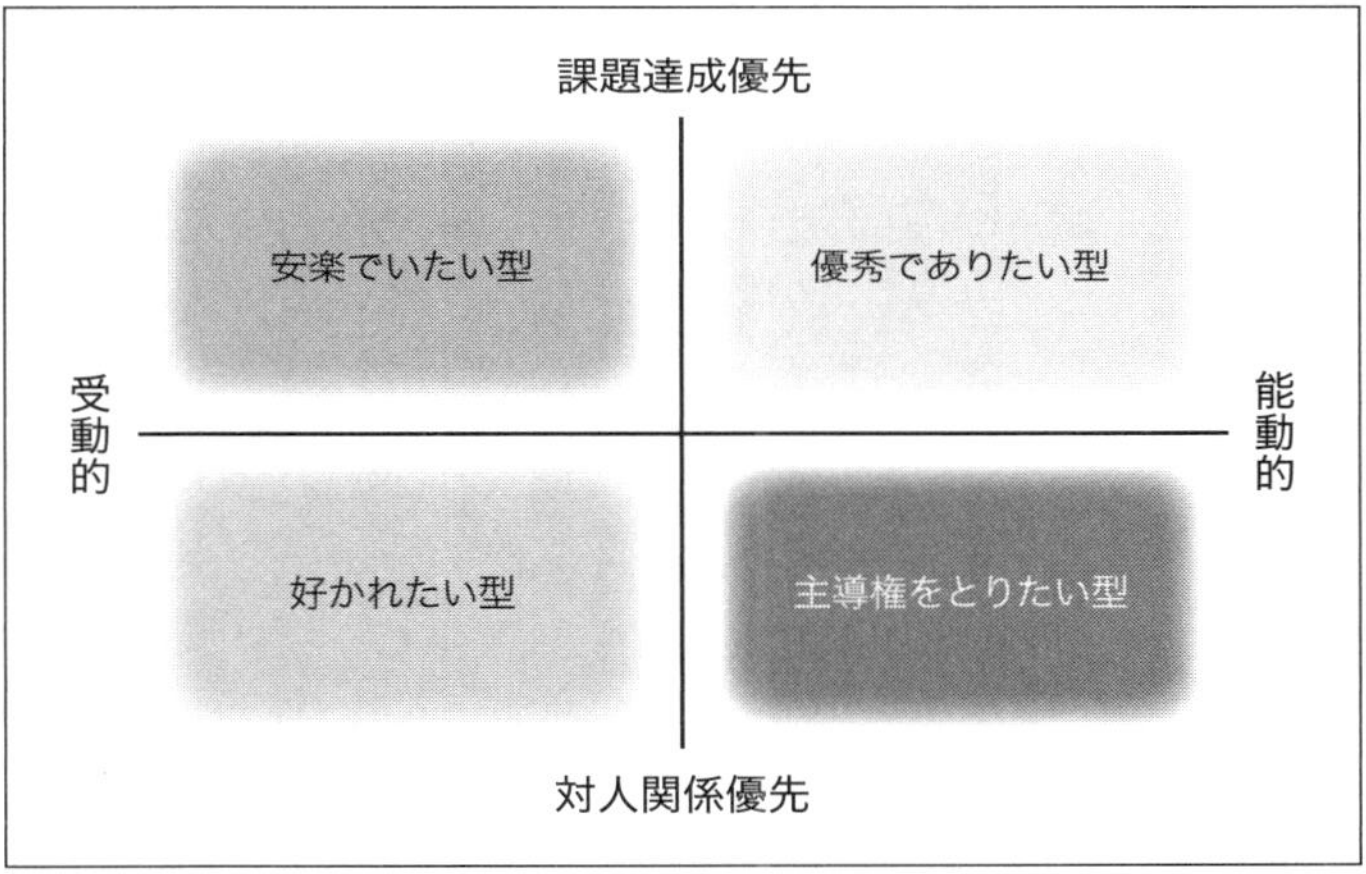

い型　④主導権をとりたい型　……これら四つのタイプとして説明してみたい。

この類型法は、ライフスタイルを、最優先目標を基準に分類するものである。最優先目標による分類法とは、自分が何かの問題に直面したとき、あるいは人生の岐路に立ったとき、「どのような目標を優先し、どのように取り組んで解決しようとするのか」という視点から考える方法である。

最優先目標として「課題達成」を優先するのか「対人関係」を優先するのかを縦軸に、「能動的」に取り組むのか「受動的」に取り組むのかを横軸にして、安楽でいたい型、好かれたい型、優秀でありたい型、主導権をとりたい型の四タイプに類型化される（図表3）。

安楽でいたい型は、課題達成を優先し、取り組みは受動的な型で、安全でいたい、安心していたい、守られていたい、楽観的でのんびりしていたいということが最優先目標のタイプ。この型の人は、思慮深く、柔軟性もあるが、面倒なことは避ける傾向があるので、責任のある仕事や役職を任せられるのを避ける。

好かれたい型は、対人関係を優先し、取り組みは受動的な型で、自分の周りの人から好かれることが最優先目標のタイプ。この型の人は、他者に対して受容的で共感的な態度を有しているが、そのために、他者からの期待に応えられぬような事態を避けようとする。

優秀でありたい型は、課題達成を優先し、取り組みは能動的な型で、他の誰よりも優秀であることが最優先目標のタイプ。この型の人は、持続的に努力をし、我慢強く、目標の達成に熱心に取り組むが、そのために人との関係にも優劣をつけ、仲のよい関係を作りにくい傾向がある。

主導権をとりたい型は、対人関係を優先し、取り組みは能動的な型で、他者との関係のなかで主導権を握り、リーダーとなることが最優先目標のタイプ。この型の人は、責任感があり人望もあって頼りになるが、そのために他者から上から目線で見られたり、命令を受けたりするような状況を嫌う傾向がある。

◆ライフスタイルでわかる人の目標

アドラーの教え㊺
ライフスタイルの四つの型は、どれが優れていて、どれが劣っている、ということはない。それぞれの型が長所も短所も併せ持っているからである。ただ、ライフスタイルの型から、その人がどのような目標を優先し、どのように取り組んで解決しようとするかを、あらかじめ予測することができる。

安楽でいたい型はストレスを避ける傾向、好かれたい型は他者からの拒絶を避ける傾向、優秀でありたい型は無意味なことを避ける傾向、そして、主導権をとりたい型は恥や屈辱を避ける傾向の強いことが特徴である。

「ストレス」「他者からの拒絶」「無意味なこと」「恥や屈辱」をキーワードに、自分が避けたいことや嫌いなことを考えると、どのライフスタイルに近いかを端的に推定することができるであろう。

四つのライフスタイルの型は、どれが優れたものでどれが劣ったものということはない。それぞれの型が長所も短所も併せ持っているからである。

ただ、この四つのライフスタイルの型から、その人の判断や行動のとり方をあらかじめ予測することが可能である。その人が何らかの問題に直面したとき、あるいは人生の岐路に立ったとき、「どのような目標を優先し、どのように取り組んで解決しようとするのか」を、それぞれのタイプごとに見当をつけることができるからだ。

ある状況下の人が、それに対して一貫してとる判断や行動の傾向を、一般的な心理学ではパーソナリティの型から予測していくが、アドラー心理学では、それをライフスタイルの型から予測していくのである。

◆感情をコントロールしたければ

アドラーの教え㊻
怒りなどの感情はライフスタイルの排泄物に過ぎないのだから、それを操作しても現状は何も変わらない。現状を変えるにはライフスタイルそのものを変える必要があり、それを変えれば感情も自ずと変わってくる。

私たちは、相手の言葉や行動に対して直接的に反応しているのではない。刺激として入ってきた情報に対して反応をするまでには、理解や判断といった認知のしくみ、すなわちライフスタイルが働いている。たとえば、ある人が笑ったのを見て「自分をバカにしている」と認知すれば怒りの感情が出てくるが、「自分に好意を持っている」と認知すれば喜びの感情が生まれる。

このように、相手の言葉や行動をどう認知するかによってその受け止め方は異なってくる。従って、自分の感情をコントロールしたければ、自分の認知の仕方、ライフスタイルを変えることが必要である。

他人に対してネガティブな受け止め方、感情の持ち方をした場合、そんな自分に嫌悪を感ずる人もいるはずだ。しかし、そのようなネガティブな受け止め方や感情を持たないよう自分に言い聞かせるだけでは、簡単に結果を変えることはできない。それよりも、たとえば「私は、人から嫌われている」「私には、幸せな未来はない」などと思っている自分のライフスタイルを変えていくことが大切なのである。

感情だけを操作して変えようとしても結果は変わらない。感情的にならないためには、物事をどのように認知するかというライフスタイルを調整することが何よりも効果的なのだ。

『バカの壁』で知られる解剖学者の**養老孟司**《ようろうたけし》は、「自分が変われば世界も変わる。自分が変われば楽しくてしょうがなくなる。同じ場所で風景が違って見える」といっている。

◆人は自分で感情を選択している

アドラーの教え㊼
好きだからドキドキするのではない。ドキドキするから好きになるのだ。感情は、生理的反応の受け止め方によって変化する。すなわち、生理的反応への認知の仕方が変われば、感情も変わりうるのだ。

心理学に「情動二要因理論」という感情認知に関わる説がある。たとえば喜びや怒りなどの感情は、生理的反応とそれをどのように認知するかによって決まると考えるものだ。

ここでいう生理的反応とは、たとえば笑う、泣く、胸がドキドキする、鳥肌が立つといったもの。それをどう認知するかは、たとえばドキドキするのは暗闇が怖いからとか、この人が好きだからなど、生理的反応に対する受け止め方（認知の仕方）であるとするのだ。

情動二要因理論を実証するものとして、「つり橋効果の実験」がある。高さ七〇メートルほどもある深い谷にかかっている長さ約一三七メートルのつり橋を使って、この実験は行われた。一人で橋を渡ろうとしてやってきた男性に、つり橋を渡る前に調査を受ける低恐怖条件群と、つり橋の中央に来たときに調査を受ける高恐怖条件群を設定した。調査者は、女性としての魅力を持つ女子学生が選ばれていた。

それぞれの場所で、男性に隠されている性的な興奮の度合いを測るＴＡＴという心理テストが行われた。テスト終了後、調査者の女子学生は、「実験の結果に関心がおありでしたら、後日、お電話をください」といって、電話番号と名前を書いたメモを差し出す。そして、そのメモを男性が受け取るかどうかが記録された。さらに後日、電話番号を受け取った男性が実際に電話をかけてきたかどうかも記録された。

結果、つり橋のたもとで調査を受けた男性群と中央で調査を受けた男性群を比較すると、後者のほうがＴＡＴテストでの性的興奮の度合いが高いことがわかった。また、電話番号を受け取った男性は両群で差はなかったが、そのなかで実際に電話をかけてきたのは後者の男性群のほうが多かったのである。

この結果は、次のように解釈された。橋のたもとで調査を受けた男性群と中央で受けた男性群では、後者のほうが生理的反応は強かったはずである。しかし、その反応は、つり橋の中央まで来て生じた恐怖からのドキドキ反応である。橋のたもとでは、そのような生理的反応はまだ生じていない。

それではなぜ、橋の中央の男性が性的興奮の度合いが高かったり、実際に電話をかけてくる比率が高かったりするのだろうか。それは、つり橋の中央にいる男性が、自分がドキドキしているのは、目の前にいるこの人が女性として魅力的だ、すなわち好きだと認知したからである。

生理的ドキドキは、「高いつり橋にいるので怖いからだ」と認知することもできるが、この場合は「つり橋の中央で調査をしている女性が好きであるからだ」と認知されたわけである。つまり、生理的反応をどのように認知するかで人の感情は異なってくるのだ。

感情は、物事をどう認知するかで異なってくるというアドラー心理学の考えは、情動二要因理論に立ってみても、かなり妥当なものである。つまり、認知を変えれば感情も変わってくるからだ。

ここから、ライフスタイルを変えれば感情も自ずと変わってくるという主張は、心理学的な根拠があることがわかる。私たちは、ライフスタイルによる認知や意味づけを変えることで、感情を変えることができるのだ。

私たちの感情は自分の外に原因があって起こるものであり、自分でそれを選択することはできないと思いがちだが、実際には感情も自分で選択することができる。だから、自分の感情を人のせいにするのではなく、自分の見方や考え方によって感情を選択していると受け止めるべきなのだ。

◆死ぬまで変わるライフスタイル

アドラーの教え㊽

その人が変えたいという意思を持ち、変えようと努力すれば、ライフスタイルは死ぬ一、二日前まで変えることができる。人は、自分を変えようとする意思を持っていれば、それはいつでも可能なのだ。人生は、新しい自分を発見し、日々生まれ変わるところに意味がある。

ライフスタイルは、その人固有の生き方、あるいは信念体系のことをいい、その人らしいものの考え方や行動のとり方、言い換えれば、人生をどのように意味づけ、どう生きるかという、独自の生き方のことだと述べてきた。

ライフスタイルは、自らの人生の目標を達成するための態度を含めた概念といえるが、それは生まれてから四〜五歳になる頃までには、家庭環境や心身の状態に影響を受けて作られると考えられる。ただ現在では、人生の目標やライフスタイルが幼児期から児童期にかけて形成されると、当初考えられていた年齢の範囲を延長するようになってきた。年齢でいえば、おおむね一〇歳くらいまでと考えたらよいだろう。

私たちは、幼いときから成功や失敗の経験をしながら、「こういうときは、こうしたほうがいい」「こうやれば、人はこう反応してくる」「こうすると、うまくいかない」といった、さまざまなスタイルを身に付けていく。このような数々のスタイルが組み合わされ統合されて、一〇歳頃までにライフスタイルが形作られていくのである。

「日々の物事や出来事に対して、どう対処していくか」というそのやり方をライフスタイルとして身に付け、それに基づいて人に対してどのような関係を持つかも決めていく。

たとえば、「自分は一人でがんばってもうまくいかないのだから、人に弱いところを見せて助けてもらったほうがいい」とか、「人に助けてもらうばかりでは自分の力は伸びないのだから、たとえ難しくても自分一人でやってみよう」というように、自分のライフスタイルを固め、それに沿って行動を選択し、人との関係を作っていくのである。

ライフスタイルは、その人の遺伝的素質や育った環境によって影響を受けるが、その影響の仕方を決めているのは、結局、本人自身である。「親の性格が神経質だったから、自分の性格も神経質になった」「家が貧しかったから、自分の性格も歪《ゆが》んでしまった」という人もいれば、「親の性格が神経質だったから、自分はそうならないようにした」「家が貧しかったから、自分の性格は辛抱強《しんぼうづよ》くなった」という人もいる。

同じような環境のなかで育っても、そこでの経験をどのように受け止め、どのように意味づけるかは人によって異なり、それによって、その人がどうなるかも違ってくる。決めるのは自分自身なのだ。

『アンネの日記』で知られる**アンネ・フランク**は、「親は子どもに助言して導くことはできるけれど、最終的な人格形成は子ども自身にゆだねられている」といった。

自ら変わりたいと思い努力すれば、ライフスタイルを変えることは十分に可能である。一〇歳くらいまでに作られたライフスタイルは固定性を持っているが、それでも一生変わらないということはない。その人が変えたいという意思を持ち、変えようと努力すれば、死ぬ一〜二日前まで変えることができる。

人生は、新しい自分を発見し、日々生まれ変わるところに意味があるのだ。

◆家族が形成するライフスタイル

アドラーの教え㊾

ライフスタイルは、家族の影響を受けて作られていく。親のパーソナリティや価値観、ものの考え方や子どもへの期待のかけ方がライフスタイルの形成に強く影響することを、親は明確に意識していなければならない。

「家族の雰囲気」とは、主として親の子どもへのコミュニケーションのとり方を意味している。たとえば、家族間のコミュニケーションが開放的か閉鎖的か、民主的か独裁的か、受容的か拒否的か、理性的か感情的かなど、親子間の関わり方のことを家族の雰囲気という。

親のパーソナリティや価値観とは、ものの考え方や行動のとり方に関わる特性や、何を重視して物事を決めているかなどの基準のことを指す。

たとえば、人には優しくする、嘘をつかない、まじめに努力する、礼儀正しくするといったことはパーソナリティで、体や心の健康、学歴や社会的地位の獲得、金銭や物に対する価値づけといったことを価値観という。

兄弟姉妹のうち、長子は初めての子として両親の愛を独占する。しかし、第二子の誕生とともに突然、王座と特権を奪われるのだ。

その後、かつての帝国を取り戻そうとする。長子は最初に生まれたことから親の愛情を一身に受けて安泰だったのだが、第二子が生まれると親の愛情を奪われてしまう、あるいは奪われてしまったと感じる。そこで、親の愛情を取り戻そうと赤ちゃん返りをしたり、逆に第二子の面倒をよく見たりする。

中間子は、親の愛を独占したことがないため、競争的、攻撃的で、すねた人になりがちだ。自分の人生は自分で切り拓かなくてはならないと思う傾向がある。中間子は、長子に追いつき追い越そうとする行動傾向が強い。

末子は、甘やかされて育ちがちだ。そのため自分では努力をせず、無力さをアピールして、他人の助けを借りようとする。永遠の赤ん坊になる傾向があり、人に甘えて依存する行動傾向が強い。

単独子、すなわち一人っ子は、親の影響を多く受ける。また、末子とちがい兄弟姉妹がいないため、人間関係が不得手な人が多い。単独子は、わがままで依存的な行動傾向が強い。

これらは、それぞれパーソナリティや行動傾向の一側面について指摘したものだが、出生順位という特性によって、人はライフスタイルの形成に異なる影響を受けることになる。

ただ、出生順位が単独で影響するというわけではなく、その他の条件によって影響の受け方も異なるし、最も大きいのは、その人自身が出生順位を含めた家族の雰囲気をどのように受け止め、意味づけしたかということだ。それが、その人のライフスタイルを決めていくのである。ライフスタイルが幼児期から一〇歳頃までに形成されることを考えれば、このことが持つ影響は大きい。

親は、自分のパーソナリティやものの考え方、子どもへの期待のかけ方、あるいは家族の雰囲気などが、子どものライフスタイルの形成に影響することを明確に意識していなければならない。

◆人生最初の記憶が意味するもの

アドラーの教え㊿
人の最初の記憶が、その人の主観的な人生の出発点であり、自分自身が描く自伝の始まりだ。自分の人生の最初の記憶を思い出してみよう。そのなかに、あなたの未来を予測するヒントが隠されているはずだ。

「早期回想」とは、自分の人生の最初の記憶のことをいう。最初の記憶を思い出し、そこにライフスタイルに関わるヒントが隠されていないかを探り出すために利用する。人の最初の記憶が、その人の主観的な人生の出発点であり、自分自身が描く自伝の始まりなのだ。

「主観的な人生」と「自分自身が描く自伝」を「ライフスタイル」に置き換えてみると、その意味するところがよく理解できるはず。ただ、過去の記憶を思い出し、そこからライフスタイルを診断するというのは、原因論になるのではないかという人もいるだろう。

アドラー心理学では、早期回想の意味を過去の記憶が原因となって現在のライフスタイルがあると捉えているのではなく、現在のライフスタイルが過去の記憶に反映されていると捉える。つまりアドラー心理学では、その人の最初の記憶を思い出してもらうのだが、それはその記憶をそのように思い出す何らかの目的があるからだろうと考えるからだ。

早期回想では、何を思い出すかではなく、どのように思い出すか、何のために思い出すかが重要だ。そこに反映されているライフスタイルを明らかにするところに、アドラー心理学が早期回想を重視する意味がある。

われわれが関心があるのは、過去というよりは未来である。そして、未来を理解するためには、ライフスタイルを理解しなければならない。つまり、未来を理解するために過去の記憶を呼び出すのが早期回想法なのだ。

インド独立の指導者で宗教家の**マハトマ・ガンディー**も、「過去は私たちのものだが、私たちは過去のものではない。私たちは現在を生き、未来を作る」といっている。

早期回想で思い出される記憶には、その人が「どんな考え方をしているのか」「どのようなことにとらわれているのか」、あるいは「どの人にこだわりを持っているのか」などが鮮明に表れてくる。

たとえば、「お父さんは、仕事をよく変えていた」「親は、いつもお金のことでケンカしていた」、そして「お母さんは、いつも兄のことをかわいがっていた」という早期回想には、「仕事に就いたら、まじめに働きたい」「お金のことでは、苦労をしないようにしたい」、そして「兄だけには、絶対に負けたくない」といった、その人のライフスタイルが表れていると見る。

過去の記憶は、現在のライフスタイルが求める目的に沿って、いま思い起こされているので、それを分析することで現在のライフスタイルを明らかにする手がかりを得ることができる。

あなたが思い起こすことのできる人生の最初の記憶とはどんなものだろうか。そのなかに、あなたのライフスタイルの原形が潜んでおり、そして、あなたの未来を予測するヒントが隠されているはずなのだ。

第六章　ライフタスク——愛は最も困難な課題である

◆避けて通れない人生の課題とは

アドラーの教え51
三つの課題が、私たち一人一人の前に立ちふさがっている。それらは、仕事、交友、そして愛についての課題である。これらは避けることのできない人生の課題。人生の幸せは、充実した仕事、親密な交友関係、そして愛に支えられた家族関係をいかに実現するかにかかっている。

人生には、避けて通れない課題がある。①仕事の課題　②交友の課題　③愛の課題……この三つである。これら人生の課題をライフタスクと呼ぶ。人が幸せな人生を過ごすには、これら三つのライフタスクに正しく取り組むことが必要だ。

人は生きていくなかでさまざまな悩みを持つ。それらは、私たちを苦しめ、不幸な気持ちにさせる。受験、入学、卒業、就職、転職、失業、恋愛、結婚、妊娠、子育て、子どもの独立、離婚、借金、病気、退職、介護、死別など、一人ひとりの人生のなかで多かれ少なかれ訪れるこうした出来事に伴う悩みは、数え切れない。

しかし、これらの悩みは実は本当の悩みではない。つまり、これらの出来事は、私たちにさまざまなストレスを引き起こす人生の出来事、つまりライフイベントなのであって、それはほとんどの人が人生のどこかで経験するもの。苦労の大きさは人によってさまざまではあるが、多くの場合なんとか乗り越えていくものである。

しかし人には、これらのライフイベントを通して経験する悩みがある。それは何かといえば、人間関係の悩み。私たちに訪れるライフイベントそのものが悩みなのではなく、本当の悩みは、そのライフイベントに伴う人間関係の悩みなのである。

就職に伴う職場の人間関係、結婚に伴う夫婦関係や親子関係、退職に伴う家族関係や新たな人間関係、死別に伴う人間関係の喪失……こうしたことに関する悩みだ。

そう、ライフイベントに伴う人間関係のあり方こそが悩みの源泉で、学校、職場、家庭などにおいて「他者と一緒にいることが苦痛である」という人間関係こそが問題なのである。

しかし、他者とともに生きている限り、人間関係の悩みは続くだろう。三つのライフタスクに正しく取り組むことが幸せな人生を約束してくれるのだが、その成否を決めているのが「人間関係」であり、「人間関係の悩みの解決」なのである。

仕事の課題とは、役割、義務、責任の伴う生産活動のことだ。人が生きていくためには、また人類が繁栄していくためには、生産活動を行い、社会を作っていかなければならない。

それには、人はそれぞれの役割、義務、責任を果たしながら協力していくことが必要だ。これが仕事の課題である。

交友の課題とは、身近な他者との付き合いのことである。仕事の課題を達成するにも他者と協力し合わなければならない。そのためには、他者とのよい関係を作る必要がある。これが交友の課題である。

愛の課題とは、特定の個人同士の関係、および家族関係などのことをいう。親密な相手を見つけ、家庭を作り、子どもを育てて、人類の維持と繁栄に貢献する活動が求められる。そのために夫婦としてのよい関係を作り、親子としてのよい関係を作ること、さらに親族としてのよい関係を作ることが必要だ。これが愛の課題である。

これら三つの課題は、仕事、交友、愛の課題の順に達成の難易度が高くなる。それは、三つの課題に共通する人間関係の困難さから考えればわかりやすいと思う。

仕事に関わる人間関係は、仕事という具体的な課題があるので、それを媒介《ばいかい》として作っていくことができる。それに対して交友の人間関係は、仕事のように達成しなければならないノルマなどは存在せず、それよりも自由度の大きい人間関係である。そのぶん関係を作っていくことが難しくなるわけだ。

そのことは、愛に関わる人間関係ではさらに難しくなる。男女や夫婦、親子や嫁姑《よめしゅうと》の関係など、仕事関係や交友関係よりさらに濃い人間関係になってくるので、困難度が増すのは当然だ。

人生の幸せは、充実した仕事、親密な交友関係、そして愛に支えられた家族関係をいかに実現するかにかかっているといえるだろう。

◆人生の課題解決に必要な感覚

アドラーの教え㊿②

ライフタスクを解決できるのは、共同体感覚をしっかり持っている人である。自分だけではなく、自分が所属している共同体の人たちが、また共同体全体がよくなるように貢献する態度を持って臨むことが、ライフタスクの解決には不可欠であるからだ。

三つのライフタスクに取り組むにあたって何が大切かといえば、共同体感覚をしっかり持っているということである。人生の三つの課題に正しく取り組み、それらを解決するには、自分中心に考える私的論理ではどうにも対処できないことは明らかだ。仕事は自分だけの利益のためにあり、友人は自分だけを助けてくれるためにあり、恋人やパートナーは自分だけに貢献してくれるためにあると考えて取り組めば、人間関係は崩れ、幸せを感ずることなどできない。

三つの課題に対して共同体感覚を持って取り組むとは、どういうことだろうか。共同体感覚とは、自分だけでなく所属している共同体の人たちや共同体全体がよくなるように貢献する態度のことを指す。三つの課題に正しく取り組み、それらを解決するには、この共同体感覚に基づいて対処するのが有効なのだ。

仕事は自分だけでなく他者の利益のためにあり、交友は友人が自分を助けてくれるだけでなく自分が友人を助けるためにあり、愛は恋人やパートナーが自分に貢献してくれるだけでなく自分が恋人やパートナーに貢献するためにあると考えて取り組めば、人間関係は強まり、幸せを感ずることができる。

自分自身の幸福と人類の幸福のために最も貢献するのは共同体感覚であり、それゆえ、人生の課題へのすべての答えは、この結びつきを考慮に入れなければならない。

三つのライフタスクは、社会が私たちに求める最も重要な人生の課題である。それに正しく取り組むことができるかどうか、その結果としての自分の人生を幸福と思えるかどうかは、その人の共同体感覚にかかっているのだ。

共同体感覚は、その人の知能や才能にかかっているのではない。知能や才能に優れた人がそうでない人よりもライフタスクの解決に成功しているとは、必ずしもいえない。その一方で、知能や才能が優れていなくてもライフタスクをうまく解決している人の例は、数多くある。

それはなぜかというと、ライフタスクの解決が、共同体感覚に、より強く関わっているからだ。この感覚を身に付けた人こそ、ライフタスクの三つの課題をうまく解決することができるのである。

◆ジョン・レノンにとって仕事とは

アドラーの教え㊿

仕事の課題とは、人が生存していくためにどのような生産活動を見つけるか、ということである。社会にとって有益な仕事をする人は、社会の発展の中心に生き、その前進を助長するだろう。人生は、一人ひとりが仕事を分担し、それを通して一つの役割を演ずる舞台。それがうまくできなければ、人はその存在自体を脅かされることになるだろう。

私たちにとって仕事の課題は、自らの生命を維持するために、また共同体を維持し発展させるために欠くことのできない重要なものであり、この課題をうまく達成できなければ自分と共同体の存在そのものが脅かされる。しかし、だからこそ社会にとって有益な仕事をする人は、人間社会の発展の中心に生き、その前進を助長するといえるのだ。

仕事の課題とは、人が自分と社会を維持していくために必然的に求められるもの。それは職業としての仕事だけでなく、人が社会のなかで定期的に一定の責任と義務感を持って行うすべての生産的活動のことをいう。従って、子どもや学生の学業、ボランティア活動、主婦の家事や育児なども、仕事の課題に入る。

さらに、社会生活をしていくなかで必要とされる義務や責任を果たすことも、仕事の課題の一環である。たとえば、生活習慣やマナーを守ること、規則や法律に従うこと、選挙で投票して政治参加することなども仕事の課題だ。こうして見ると、仕事の課題とは、人が社会とつながり貢献する大切な経験を与えるものなのである。

人が社会に所属し、他者と良好な関係を維持し、社会の利益に貢献するために、仕事は欠くことのできない活動だが、多くの場合それは分業の形をとって分担することになる。割り当てられた仕事の役割をどのように果たすかが、その人の社会的価値や評価につながる。

私たちは、分業によって仕事の課題に取り組み、社会に貢献している。つまり、人は仕事を分かち合うことによって、孤立することなく相互のつながりを持てるようになった。そこから、誰もが他の人を助けるという課題を持ち、他の人と結びついているのだという意識が生まれてくるのだ。

分業がうまく図られることによって仕事はより効率的になり、また専門化も進む。あるいは分業は多くの異なる能力を活かし、それを組織化することも可能にした。これらのことが、仕事の社会的貢献度をより高めていくことになった。

人生は、一人ひとりが仕事を分担し、それを通して一つの役割を演ずる舞台。それがうまくできなければ、人はその存在自体を脅かされることになるだろう。

ミュージシャンの**ジョン・レノン**も、「仕事は元気の素《もと》だね。仕事がなければ、恐れと不安があるだけだよ」という言葉を残している。

◆人にとって最も重たい荷物は何か

アドラーの教え㊺

仕事は、自分の生活を維持するだけのものとしてではなく、社会とつながり、社会に何らかの貢献をするものとして存在する。私たちの社会は、誠実に働く一人ひとりの

日々の仕事の積み重ねによって動いていることを理解すべきなのだ。

現代は、社会もそれぞれの組織も高度に複雑化している。そのなかで仕事の分業が進んでいるわけだから、ややもすると、自分が担当している仕事が、その社会や組織のなかでどのような役割を果たし、いかに貢献しているかがわからなくなる。従って、自分の所属している組織が何を目的として存在しているかを、メンバーである自分自身が十分に理解していることが大切だ。

自分の担当している仕事が、組織の仕事の成果にどう貢献しているか、ひいてはそれが社会にどのように役立っているかを、私たちはよく考えるべきである。自分の仕事が社会的活動としてある限り、必ずこの問いに対する答えはあるはずだ。

それをしっかりと確認して仕事に取り組めば、仕事は自分の生活を維持するだけのものとしてではなく、社会とつながり、社会に何らかの貢献をするものとして存在することを、あなたは実感するだろう。

あなたの仕事は、まちがいなく多くの人の生活に貢献している。つまり、あなたは他の人の仕事から恩恵を受けているのだが、それと同じように、他の人もあなたの仕事によって恩恵を受けている。このように、仕事をすることを通じて、人は社会としっかりつながっているのだ。こう考えれば、あなたは仕事に対するやりがいを感じ、働く意欲も増してくるはずだ。

しかしそうでなければ、自分の仕事の意味や意義がわからず、ただノルマとして仕事をするだけになってしまう。そうなると、仕事への意欲も湧かず、好きにもなれない。

さらに、失敗するのではないか、力がないとバカにされるのではないか、信頼されていないのではないか、などと悲観的に考え過ぎると、人は仕事に消極的になり、嫌いになってしまう。それは、仕事の課題の失敗、つまり失業につながっていくことにもなる。

失業は人にとって最も重たい荷物である。それは収入を失うだけでなく、多くの場合、付き合いのあった仲間など、社会とのつながりも併せて失うことになる。失業は、その人の自尊心だけでなく、生きがいを失うことにもつながってしまう。それは、その人の生きる幸せを脅かし、幸福感の低下をもたらすだろう。

仕事ができる人になるには、自分の仕事の意味や意義を理解し、さらに自分の強みを理解してそれを活かし、明確な目的意識を持って取り組むことが大切である。このようにして自分の仕事を心から愛し、それに取り組めば、あなた自身が幸せを感ずるようになる。そしてそれが周りにいる人を楽しくさせ、さらに社会に貢献することにもつながる。

聴力と視力を失い、話すこともできなくなった教育者で社会福祉活動家の**ヘレン・ケラー**

は、「世界を動かすのは、英雄の強く大きな一押しだけではありません。誠実に仕事をする一人ひとりの小さな一押しが集まることでも、世界は動くのです」といっている。

私たちの社会は、誠実に働く一人ひとりの日々の仕事の積み重ねによって動いていることを理解すべきである。

◆仕事が下手な人の交友関係は

アドラーの教え㊺

私たちは、常に他者と関わり、調和し、そして関心を持って生活しなければならない。そうすることで、私たちは社会の構成員となり、社会に貢献する存在になることができる。あなたが、もし真の友人を一人でも得れば、あなたはその友人と共に自分の人生を高め合うことができるだろう。

交友の課題とは、他の人とどのように付き合うかという対人関係に関わる課題である。学校での仲間との付き合い方、職場での仕事仲間との付き合い方、地域での近隣の人との付き合い方などのことをいう。

私たちは、常に他者と関わり、調和し、そして関心を持って生活しなければならない。そうすることで社会の構成員となり、社会に貢献する存在になれる。

交友の課題では、他の人をどう思うか、どう思いやるか、そしてどう協力するかということを、仕事の課題よりも強く求められる。その意味で、交友の課題は仕事の課題よりも困難な課題といえる。

同時に交友関係は、仕事の関係に比べると利害関係は弱く、共通の関心や趣味を持っているので、その関係が長く続くのも特徴。従って、もしあなたが真の友人を一人でも得ることができれば、その友人と共に、長く人生を高め合うことができるだろう。

一般に、仕事の課題をうまくやれない人は、交友の課題も下手なことが多い。ただ、仕事はしていないけれども仲間とは楽しくやっているという人も存在する。しかし、その場合の交友関係をよく見ると、それは見かけだけの表面的な付き合いであって、互いに信頼し協力し合う関係ではないことが多い。

たとえば非行グループのように、みんなと連れ立って楽しく遊んでいるように見えても、その関係は心の通ったものとはいいがたく、自分の都合のために相手を利用するだけの関係であることが多い。従って、長く続く関係ではない。

交友関係は、私たちの人間関係のなかで、比較的長く続く関係の一つである。特に親しい交友関係は、その友人と共に自らの人生を高め、そして生きることの幸せを感じさせる大切な役割を果たす。

◆あなたのために他者がいるのか

アドラーの教え㊺

あなたのために他者がいるのではない。他者が何かをしてくれないという悩みは、自分のことしか考えていない何よりの証拠である。自分だけが特別な存在なのではないということを肝《きも》に銘じておくことだ。

もし「他者が何かをしてくれない」という悩みを持っているならば、それはあなたが自分のことしか考えていない何よりの証拠である。自分の都合で他者との関係を考える人は、親密な交友関係を持つことはできない。

健全な交友関係では、相手が自分の期待や要求と違う態度や行動をとったとしても、その相手を友人ではないと切り離すようなことはしない。自分とは意見や考えが異なることを受け入れて、友人として認めて付き合うのが、真の交友関係なのである。

交友の課題では、自分中心の考え方では失敗する。一人ひとりが対等の関係、縦ではなく横の関係として存在しているという考え方を持たなければうまくいかない。「自分だけが特別な存在なのではない」ということを肝に銘じておくことが、交友の課題では大切なのである。

◆愛の課題は人生で最も困難

アドラーの教え㊼
愛の課題とは、個人同士の付き合いや家族関係のことである。愛の証《あかし》は、相互の深い信頼にある。ゆえに、愛の課題は人生で最も困難な課題ではあるが、解決できれば深い安らぎが訪れるだろう。

愛の課題とは、人類が二つの性からなっていることにどう対処するか、そして家庭生活によって人類の存続が決まってくることにどう対処するか、という課題である。

端的にいうと、この課題は個人同士の関係と家族関係の二つからなっている。従って、交際、配偶者の決定、結婚生活、性生活など、ほぼすべてが愛の課題に入る。

そして、男らしさとか女らしさといった性に関わる社会的役割への期待、すなわち性的役割の取得も、愛の課題に入る。

さらに、家族の人間関係も愛の課題。夫婦の関係、親子の関係、兄弟姉妹の関係、そして夫婦それぞれの親との関係などがここに入る。

個人同士の付き合いや家族関係に代表される愛の課題は、人生で最も困難な課題である。そうであるからこそ、その課題が解決されれば、深い安らぎが訪れるといえるだろう。

◆正しいパートナーを選ぶ六の要素

アドラーの教え㊽

愛の達成、すなわち結婚は、相手である異性への最も親密な献身であり、それは身体的魅力、仲間感情、そして子どもを持つ決心などに表れる。愛と結婚における協力は、二人の利益のためだけの協力ではなく、人類の利益のためのもの。愛とは、人生を分かち合い、相手を心から大切に思う感情なので、それを得るには、正しいパートナーを選ばなければならない。

愛の課題の中心になるのは、パートナーとの関係といってよいだろう。愛の達成、すなわち結婚は、相手であるパートナーへの最も親密な献身であり、身体的魅力、仲間感情、そして子どもを持つ決心などに表れる。愛と結婚における協力は、二人の利益のためだけのものではなく、人類の利益のためなのだ。

つまり、結婚という愛の課題の達成は、配偶者との間に親密な心と体のつながりを持って家族を作り、人類の繁栄に貢献することを意味している。お互いに相手を受け入れ、二人の間に感謝と信頼の気持ちが育ち、家族を成して添い遂げたときに、結婚という愛の課題は達成される。

画家の**フィンセント・ファン・ゴッホ**は、「夫婦とは二つの半分になることではなく、一つの全体になることだ」といっている。

愛の課題の解決のためには、身体的魅力が重要である。それは、愛の課題のなかで、男女の性愛的関係が人類の繁栄に決定的な影響を持つから。男女それぞれに身体的魅力がなければ性愛的関係は生まれず、子どもを持つことも難しくなるだろう。

また、二人が相互に感謝と信頼の気持ちを持つことも、愛の課題の解決には欠かせない。相手に対する感謝と信頼の気持ちを持ち、それによる協力と献身の働きかけが起こるには、お互いの利益が対等でなければならない。

どちらか一方のみが利益を受け、一方が献身させられる関係、あるいは一方が他方を支配して服従させる関係では、安定した幸せな結婚生活は望めない。愛の課題が破綻した離婚の理由はいろいろあるが、最も大きなものが、この男女間の不均衡《ふきんこう》にあるのだ。

ドイツのある地方には、婚約した二人が結婚生活を送るのに適しているかどうかを調べる古い習慣がある。結婚式の前に、二人は空き地に連れてこられる。そこには、切り倒された木が置いてあり、ここで二人用のノコギリが渡され、木を切るように促される。この作業の仕方によって、二人がどれだけ互いに協力しようとするかがわかるというわけだ。

もし二人の間に信頼関係がなければ、お互いに逆らって引っ張ることになり、木を切ることはできない。二人のうち一人がリードし、すべてを自分だけでしようとすれば、たとえ相手がそれを受け入れたとしても、仕事は倍の時間がかかってしまう。しかし、二人が共に力を合わせれば、短い時間で木を切ることができる。二人の間の対等な協力が、結婚の必要条件であることを、この地方の人たちはよくわかっていたのである。

愛の課題が破綻しないための正しいパートナーの選び方がある。それは、①身体的魅力　②知的な適合性　③対人関係を作る能力　④相手への強い関心　⑤協力し合う態度、そして　⑥職業への関心と能力　である。

一方、間違ったパートナーの選び方は、①経済的な安定　②相手への哀れみ　③使用人の確保、そして④誰か（たとえば自分を振った恋人）への当てつけ……などである。

愛の課題の解決は、人生の幸せに最も関わるもの。私たちが正しいパートナーの選び方ができれば、結婚は最高の幸せをもたらしてくれるだろう。

しかし、もし間違ったパートナーの選び方をしてしまったら、結婚は破滅的な結果をもたらすこともある。結婚には、それぞれの魅力、知的な適合性、相手への関心、相互協力の態度、仕事への姿勢、愛や友情を深める能力などが重視されるべきなのだ。

◆甘やかされた子が大人になると

アドラーの教え㊾

甘やかされた子どもは、自分の願いが法律になることを期待するように育つ。このような子どもが大人になると、共同体のなかでは危険な種類の人になってしまう。彼らは、常に自分にのみ関心があり、他者や社会に貢献することを学んでこなかったからである。困難な問題に直面したときに彼らがとる方法はただ一つ、その解決を自分ではなく他の人に求めるのだ。

甘やかされた子どもは周りの人から注目されるけれども、それに見合うだけの働きをしているわけではない。しかし、甘やかされて育てられると、周りの人から注目されることを生まれついての権利として要求するようになる。

すると、たとえば自分が注目の中心でなかったり、周りの人が自分に配慮してくれなかったりしたときに当惑し、世界が自分を見捨てたとばかりに腹を立て、騒ぎ立てる。これらの子どもは、他者に何かを与えることではなく、他者から何かを受け取ることのみを経験してきており、また自分の問題に対処するどんな方法をも学んでこなかったのだ。

周りの人はその子の言いなりになってきたので、自立心は育たず、従って、やれば自分でもできるということを知らない。彼らは常に自分自身にのみ関心があり、他者や社会に協力し、貢献することをほとんど学んでこなかった。そこで困難な問題に直面したときにとる方法はただ一つ、その解決を、他の人に求めるのだ。

ジャン=ジャック・ルソーも、「子どもを不幸にする一番確実な方法は、いつでもなんでも手に入れられるようにしてやることだ」と看破《かんぱ》している。

このような甘やかされた子どもが大人になると、おそらく共同体のなかでは危険な種類の人になるだろう。なのに、「自分には善意がある」「人を利用しようだなんて、とんでもない」などというかもしれない。また、他の人を支配するために愛すべき人を装うかもしれない。

しかし、このような人は普通の人がする仕事に協力を求められると、ほとんどの場合、それを拒《こば》む。公然と反発する人さえ存在する――「なぜ自分が、そんな仕事をしなければならないのだ」「それは自分がする種類の仕事ではない」「それはあなたたちの仕事だ」などと主張して。

しかし、そうした自分の主張が受け入れられないと、次には「周りの人は自分の敵だ」と感じ、復讐《ふくしゅう》に転じることすらある。甘やかされた子どもが大人になると、「人生とは、一番になること、最も重要な存在であると認められること、欲しいものはすべて手に入れることを意味するのだ」と考える。そのため当然、他者との軋轢《あつれき》が生じやすくなり、たいへん厄介《やっかい》な存在になってしまうのだ。

◆無視された子が大人になると

アドラーの教え⑥⓪

無視された子どもは、愛と協力が何かを知らない。このような子どもが大人になると、他者を疑い、自分を信頼できない人になってしまう。彼らは、他者は自分に冷たく友好的ではないと見てきたし、自分が他者から愛され尊敬されるとは思ってもいないからである。彼らには、信頼に値する他者や仲間と交流する経験を持つことが何よりも大切なのだ。

無視された子どもが人生の課題に直面したときには、それを過大評価し大げさに振る舞う。一方で、他者の協力を受けて課題を解決していく能力を過小評価しているので、一人で頭を抱え込んでしまうことにもなる。彼らは、これまで他者は自分には冷たく友好的ではなかったと見てきたし、自分が他者から愛され尊敬されるなどとは思ってもいなかったからだ。

このような無視された子どもが大人になると、他者を疑い、自分自身を信頼できない人になってしまう。そして、共同体のなかで孤立し、他者と親しく交わることができず、他者と共に生きていく術《すべ》を知らない人になる。そうすると、共同体のなかでは滅びてしまう存在になるだろう。

「最も大きな苦しみは、やはり孤独です。愛されていないと感じることですし、だれ一人友がいないということなのです」と修道女でノーベル平和賞受賞者の**マザー・テレサ**はいっている。

ではどうすればよいか。無視された子ども、あるいはそのような経験をし続けてきた人というのは、信頼できる他者に出会ったことがない。従って、子どもに対する親の大切な課題は、彼らに信頼できる他者というものを経験させるということだ。

そのためには、まず親自身が子どもの関心や愛情の対象になることが大切。それがうまくいけば、次は信頼に値する他者や仲間と交流する経験を与えていくのだ。

このことは大人にもいえる。他者と信頼に値する関係を持つことができれば、その人の共同体からの孤立を防ぎ、存在場所を確保することができる。

◆三つのライフタスクを貫くもの

アドラーの教え㊶

ライフタスクを正しく達成するには、そこにおける人間関係をどう作り上げ、維持し、そして作り変えていくかが重要である。人と共にあり、人と共に働き、人と共に生活することのなかにこそ、人生の幸せがある。

仕事の課題、交友の課題、愛の課題のライフタスクを貫いているものは、人間関係である。

仕事の人間関係は、一般に永続しない関係。人事異動、転職、あるいは退職などによって、その関係は、ほとんどの場合、そこで終わる。

交友の人間関係は、かなり長続きする関係である。仕事の関係のように利害に関わることが少ないし、お互いに惹《ひ》かれる共通点も多いからだ。ただ、嫌々付き合う必要のない関係なので、嫌いになれば関係を切ってもよい。

また、交友関係をたくさん持つことも必要ではない。自分にとって親友と呼べる人が一人でもいれば、それでよいのである。

愛の人間関係は長続きし、一生続くことも稀《まれ》ではない。夫婦関係、親子関係は、相互に運命を共にし、いわゆる切っても切れない関係として続く。

仕事の人間関係は他者との協力関係、交友の人間関係は他者との仲がよい関係、愛の人間関係は人間社会を維持するための関係として、それぞれ特徴を持っている。

私たちは、何のために生きているのか。それは、ライフタスクを果たすためなのだ。ライフタスクを正しく果たすには、そこにおける人間関係をどう作り上げ、維持し、そして作り変えていくかが求められる。だからこそ人間の悩みは、すべて人間関係の悩みなのである。

ライフタスクを達成することは、人生の幸せに直接つながる問題である。人生の課題に必ず付いてくる人間関係の問題をどう受け止め、それにどう対処し、そしてどう解決していくか……そこに一人ひとりのライフスタイルが問われることになる。

第七章　勇気づけ――横の関係で人は育つ

◆喜びと感謝を伝える援助法

アドラーの教え㊷

人生の課題に取り組むためには、その人の勇気を高めることが必要だ。勇気づけとは、一言でいえば、嬉しいという喜びの気持ちと、ありがとうという感謝の気持ちを相手に伝える援助法である。それは、深く人を思いやる心を持って、人の心の奥底に届く言葉として伝えなければならない。

勇気づけは、人がその人自身のライフタスクに正しく取り組めるように援助することを指す。アドラー心理学においては治療者が患者に行うサポートのことで、それによって患者が自分自身のライフタスクに前向きに取り組む意識を持つように援助していく方法のことをいう。勇気づけは、患者の治療だけでなく、より広くライフタスクに取り組む一般の人に対する援助法としても用いることができる。

勇気づけとは、一言でいうと相手に対する尊敬、信頼、共感をベースにして、「嬉しい」という喜びの気持ちと、「ありがとう」という感謝の気持ちを伝える援助法である。

勇気づけの具体的な言葉かけとしては、「あなたの熱意が実って、私も嬉しい」「協力してくれて、ありがとう」「あなたが助言してくれたことで、とても助かった」「そこのところが、あなたが頑張ってやってきたところだよね」「いい結果が出て、本当によかった」「とても頑張っているね、何か手伝うことがあったらいって」などを挙げることができる。

勇気づけは、深く人を思いやる心を持って、人の心の奥底に届く言葉として伝えなければならない。

勇気づけによって、人は「喜んでもらえた」「役に立った」と受け止め、自分が相手に貢献できたと感ずることができる。その経験から、ライフタスクに取り組むなかで遭遇するさまざまな困難にも耐え、それを乗り越える活力を得ることができるのだ。

◆勇気を形成する三つの力

アドラーの教え㊸

勇気とは、困難を克服する努力、リスクを引き受ける気力、他者と力を合わせる協力、この三つの力によって支えられている。これらの力からなる勇気を持つことで、人は人生の課題に正面から立ち向かうことができる。

勇気のある状態とは、①努力　②気力　③協力　の三つの力を持ち、それらが使える状態にあることをいう。これらの力は、自分が共同体の一員であって、信頼できる仲間がいて、そのなかで役に立つことができているという確信に支えられている。そうであるから、ライフタスクの困難な課題に立ち向かうことができるのだ。

勇気のある人は、ライフタスクに取り組むなかで経験する困難は克服できるものだ、という意識を持っている。それゆえ困難に対しては、逃げるのではなく、それを乗り越えるように努力する。

勇気のある人は、ライフタスクに取り組むなかで経験するリスクに対して、それに我慢強く対処すれば成長できるという確信を持っている。それゆえリスクを引き受ける気力を持ってチャレンジしていくのだ。

勇気のある人は、ライフタスクを自分一人で達成するのは難しいことを理解している。それゆえ、課題に取り組むときには一人ではなく、他者を信頼し、他者と共同して、おたがいの目標を達成するよう協力するのだ。

以上のことから、勇気ある状態というのは、努力、気力、協力の三つの力を使ってライフタスクを果たそうとする状態のことであり、勇気のない状態とは、これらの力を持たず、あるいは持っていても使わず、ライフタスクから逃れようとしている状態を指すことがわかるだろう。

勇気づけは、人がライフタスクに取り組むために必要な努力、気力、協力の三つの力を獲得し、それを使えるようにする援助法なのである。

◆横の関係を前提とする勇気づけ

アドラーの教え64

勇気づけでは、相手が自分のライフタスクを解決できるよう、対等な横の関係に基づいて援助する。自分と相手との関係を縦の関係ではなく、横の関係として捉える。ここに勇気づけが効力を発揮する秘訣がある。

アドラー心理学では、人と人との関係を対等の関係として捉えている。つまり、人間関係を縦の関係ではなく、横の関係として捉えているのだ。そのためアドラー心理学では、基本的に、人を褒《ほ》めたり励ましたりすることはしない。なぜなら、人を褒めたり励ましたりすることは、縦の関係から出てくるものであるからだ。つまり、これらの行為は、自分が相手より上の立場にいると思っているからこそ出てくるものなのだ。

人間関係を横の関係として捉えるアドラー心理学は、褒めたり励ましたりするのではなく、勇気づけによって相手の行動を背後から後押しする。相手に感謝の気持ちや喜びの気持ちを伝えること、これが勇気づけである。

このように、相手の行為に対して「ありがとう」「とても助かった」「今回のことは、とても嬉しい」などと感謝や喜びの気持ちを表すことによって、相手の勇気を引き出していく。これが勇気づけなのだ。

このとき自分と相手との関係を、縦の関係ではなく、横の関係として捉える。ここに勇気づけが効力を発揮する秘訣がある。

勇気づけを通して、人は自分がどのように相手に役立っているか、社会に貢献しているかを感じとることができる。そして、自分には価値がある、自分はこれでよい、と思えるようになれば、さらなる目標に向けて行動していく勇気を持つことができる。

勇気とは、すでに述べたように、さまざまな困難を克服していく活力のこと。勇気づけは、それを引き出すものとして用いられるアドラー心理学の主要な技法なのである。

◆褒めずに勇気づける理由

アドラーの教え⑥⑤

褒めてはいけない。褒めることは、あなたは私よりも下の存在だと相手に伝えることに等しいからだ。褒めるのではなく、勇気づけるのだ。勇気づけには、人の能力と意欲を育てる力がある。

勇気づけるとは、具体的にどうすることなのだろうか。こう考えたとき、最初に思い浮かぶのは「褒める」ということだろう。人は褒められることによって、生きていくための知恵や技能を身に付けていく。人の成長には褒めることが欠かせないし、勇気づけと同じような効果があるとみなされている。

しかし、褒めることと勇気づけることの間に、アドラー心理学では、明確に一線を引いている。

すでに触れたように、褒めるとは、縦の人間関係の上位にいる人が下位にいる人に向けて行う行為。自分が相手より上の立場にいることを暗に意識しているからこそ出てくる上から目線の行為なのだ。

上司が部下に「よく頑張った、さすがだね」とはいうが、部下が上司に「よく頑張りましたね、さすがです」とはいわないものだ。もし部下からそういわれたら、上司はきっと「おまえにいわれることではない」と思うだろう。不快な表情をするかもしれない。

褒めてはいけない。褒めることは、あなたは私よりも下の存在だと相手に伝えることに等しいからだ。

アドラー心理学では、たとえ上司と部下の関係であったとしても、その関係は横の関係として捉え、両者は対等の立場であると考える。縦の関係にある人が横の関係をとることは難しいと思われるかもしれないが、次のように考えたらよいと思う。

横の関係は、おたがいに助け合い学び合う対等の関係であり、できない人をできる人が手助けする関係。両者は同じではないけれども、対等なのだ。

対等の関係は、相互に公平感を抱かせる。特に役割上、下に位置する人にとっては、その気持ちはより大きく感じられる。「自分は大切にされている」「評価されている」と思えるだろう。横の関係に立つ勇気づけには、人の能力と意欲を育てる力がある。

◆縦の関係で精神的な健康は

人が精神的な健康を損なう最も大きな理由は縦の人間関係にあり、従って横の人間関係を築くことこそが精神的な健康には欠かせないということを、しっかり記憶しておいてほしい。縦の関係は自尊感情を脅かし、横の関係はそれを育てるからである。

褒めるのは縦の関係を前提とするものだが、勇気づけは横の関係を前提とするもの。人は、横の関係にあるときにだけ勇気づけることができるのだ。従って、アドラー心理学では、人と人の関係は対等、横の関係にあるべきだとする。

人が精神的な健康を損なう最も大きな理由は縦の人間関係にあるということ、従って横の人間関係を築くことこそが精神的な健康には欠かせないということを、しっかりと記憶しておいてほしい。これらの関係は、それぞれ私たちの自尊感情に大きく影響を及ぼし、縦の関係はそれを脅かし、横の関係はそれを育てるものなのである。

褒めることと勇気づけることの違いについては、次のようなものもある。褒めるのは成功したときだけだが（今日のプレゼンテーションはすばらしかった、頑張ったね）、勇気づけは成功したときだけでなく失敗したときにも与えられる（今日のプレゼンテーションのことで気落ちしてるみたいだけど、企画の内容は参考になった、ありがとう）。

褒めるのは行為をした人に与えられるが（歓送会の幹事を引き受けたんだってね、君はいま仕事が忙しいのに、さすがだね）、勇気づけは行為そのものに与えられる（本当に一生懸命に歓送会の準備をしてくれたんだね、助かったよ）。

褒めるのは与える側の関心で、一種の褒賞《ほうしょう》として与えられるが（今度の仕事、いい成果が出たね、部長も褒めてたよ）、勇気づけは与えられる側の関心に基づいて行われる（今度の君の仕事に取り組む姿勢は、たいへん熱心だったね、見ていてよくわかった）。

◆人を勇気づけるために自分自身は

アドラーの教え㊼

勇気があり、自信があり、リラックスしている人だけが、人生の有利な面からだけでなく、困難な面からも利益を受けることができる。そのような人は、どのような局面にあっても決して、恐れたり逃げたりしない。勇気づけは、人生の有利な面とともに、困難な面からも利益を受けられる力を与えるもの。人を勇気づけるには、自分自身が勇気ある状態にいなければならない。

勇気づけには、三つのステップがある。それは、①自分自身を勇気づけるステップ　②勇気をくじく行為をやめるステップ　③勇気づけを始めるステップ　の三つである。

ステップ①で、なぜ自分自身を勇気づけるのかというと、勇気づけをするには、まず自分自身の状態が重要になるからである。自分自身に「プラス思考である」「未来志向である」「聴き上手である」「協力を重視する」「大局を見られる」「ユーモアがある」「尊敬し信頼しながら相手をサポートする」などの態度が求められる。

実際には、これらの態度をすべて満たすことは難しい。ただ、すべて満たせなければ勇気づけはできないということでもない。これらのうちのいくつかの態度を身に付ければよいのである。

たとえば仕事がうまくいかなかったときでも、その経験を次の仕事に活かしていこうとプラス思考を持つこと、相手の話をしっかり聴こうとする心構えを持つこと、またユーモアを解し他の人を楽しませようとすることなどは、自分自身を勇気づけることにつながるし、それが人を勇気づけるうえでも役立つ。ユーモアを解することのできない人に、世の中の深刻な事柄がわかるはずなどないのだ。

自分を勇気ある状態にするには、上記の勇気づけの態度を持った人と接することによって、そこから望ましい態度を学び取ることも一つの方法である。また、プラスの自己イメージを持つことも、自分自身を勇気づけるもう一つの方法である。

ここで、日頃から自分自身に語りかけている言葉を思い出してみてほしい。「私はよく頑張っている」「私には可能性がある」「私にはなすべき仕事がある」「たまには失敗してもいい」「時には弱音を吐いてもいい」「私にはよい仲間がいる」「私にはいざとなれば協力してくれる人がいる」などの言葉を心のなかで自分に話しかけているとすれば、あなたはプラスの自己イメージを持っている人である。

それに対し、「私はダメだ」「私の将来は真っ暗だ」「私にはなすべき仕事がない」「私は嫌われ者だ」「他人には弱みを見せてはいけない」「私には仲間がいない」「私を助けてくれる人などいない」「周りの人は敵ばかりだ」などの言葉で自分に話しかけているとすれば、あなたはマイナスの自己イメージを持っている人となる。

マイナスの自己イメージを持っている人は、そのことに気づき、発想の転換をして自分に語りかけることが大切だ。プラスの自己イメージを持てるよう自分に語りかけるのだ。あるいは、マイナスの語りかけを意識してストップする。マイナスの自己イメージを弱めるためである。

ステップ②の勇気をくじく行為をやめるとは、相手の勇気をくじいてしまうようなやり方でサポートするのをやめる、ということである。そのためには、「マイナス思考をやめる」「過去志向をやめる」「聴き下手を改める」「競争を重視しない」「細部にこだわらない」「皮肉っぽくならない」「恐怖と不安を引き起こすような手法で相手をサポートしない」などの態度が求められる。

では、勇気をくじく行為をする人とは、どんな人なのだろうか。あなた自身が誰かから勇気をくじかれた経験を思い出してみてほしい。他人からバカにされた、恥をかかされた、非難された、脅かされたといった、忘れられない嫌な経験があるだろう。

これまでの人生で、親、兄弟姉妹、教師、上司、仲間、配偶者、そして見知らぬ他人から、勇気をくじくさまざまな発言、態度、行動を受けてきていると思う。勇気をくじく人は、前述した勇気をくじく行為を行う人なのだ。あなたは、この勇気をくじく人を反面教師として、勇気づけの態度を学んでいかなければならない。

ステップ③の勇気づけを始めるとは、ステップ①およびステップ②がある程度クリアされたところで、他者に対して勇気づけを始めるステップに入るということ。そのためには、対等で共感的な態度で相手に接し、受け入れる態度を持つことが求められる。

勇気づけを始めるに当たっての心構えとしては、「勇気づけを始めることをしっかり意識すること」「相手と同じ目線に立って勇気づけること」の二点が大切である。勇気づけは、すでに述べてきたように、褒めたり叱ったりという、相手の行いに賞罰を与えるやり方ではない。相手の行いに対して、自分の喜びや感謝を伝えることが勇気づけなのである。この違いをしっかり意識していないと、勇気づけを正しく行うことはできない。

そのためにも、勇気づけでは、自分と相手が同じ目線にいることが大切だ。親、教師、上司となれば、子ども、生徒、部下に対して上から目線になってしまいがちである。しかし、自分が指導する立場にある相手だとしても、それをそのまま態度に表したのでは、勇気づけはうまくいかない。同じ目線に立つことによってのみ、喜びと感謝の気持ちを伝えることができるのだ。

勇気があり、自信があり、リラックスしている人だけが、人生の有利な面からだけでなく、困難な面からも利益を受けることができる。そのような人は、決して恐れたり、逃げたりしない。

勇気づけは、人生の有利な面とともに、困難な面からも利益を得る力を与えるもの。そして人を勇気づけるには、自分自身が勇気ある状態にいなければならない。

◆命令口調では勇気づけできない

アドラーの教え㊽

勇気づけの言葉は、人の心に大きな影響を及ぼす。ただ、気をつけなければならない

言葉かけがある。それは、命令口調の言葉かけだ。命令口調で言葉をかけるのをやめて、依頼口調にして伝えると、それだけで勇気づけの効果が表れてくる。

勇気づけの一つの方法は、言葉による勇気づけである。勇気づけは、相手の立場を尊重し、ライフタスクに取り組む意欲を引き出すことを目的としている。そこから考えると、勇気づけの言葉かけの仕方としては、たとえ家庭での親と子の関係、学校での教師と生徒の関係、そして職場での上司と部下の関係でも、上から下に向けて命令口調で行うやり方は適切ではない。

「この書類を部長に届けておいて」「例の企画、今週中に仕上げてくれ」「得意先から必ず連絡するように」などは、強い言い方ではないとしても、上から下への命令口調であることに変わりはない。

立場が上にある人からすれば何でもないことだが、立場が下の人から見れば、これらの口調は一方的な命令と受け止められるものである。そうなると、「いつも上から目線の言い方だな」「自分の状況や立場などを考慮してくれてないな」「自分は尊重されてないな」などと感じ、せっかくやろうと思っていたのに勇気をくじかれてしまったと受け止めてしまうかもしれない。

しかし、これらの口調を「この書類を部長に届けておいてくれると嬉しいな」「例の企画、今週中に仕上げてくれるとありがたい」「得意先から連絡をするようにしてくれると助かるけど」などと依頼口調の言い方に変えるだけで、「自分でイエスかノーを判断できるな」「自分の状況や立場などを考えてくれているな」「自分は尊重されているな」などと感じ、勇気づけられたと受け止めるのである。

発明家の**トーマス・エジソン**も、「命令を質問の形に変えるだけで気持ちよく受け入れてもらえるだけでなく、その人の創造性も発揮される」と提案している。

命令口調にならないことの他には、心から温かい口調で話すこと、ゆっくり話すこと、簡潔に話すこと、感謝の気持ちを表すこと、そしてじっくり耳を傾けることなどを心がけることも大切だ。

◆「アイ・メッセージ」で勇気づけ

アドラーの教え⑲

あなたを主語にすることをやめて、私を主語にして伝えると、それだけで人を勇気づける効果が表れる。前者は相手の態度や行動の評価を表すものであり、後者は相手の立場に立って共感していることを伝えるものなのだ。ユー・メッセージでなく、アイ・メッセージで勇気づけるとよい。

勇気づける言い方としては、「アイ・メッセージ」を使うほうが「ユー・メッセージ」を使うより有効である。「アイ・メッセージ」とは、主語に「私は」を使う言い方のこと。たとえば、「私は……です」という言い方だ。一方、「ユー・メッセージ」とは、主語に「あなたは」を使う言い方のこと。たとえば、「あなたは……です」という言い方である。「あなたは、親切だ」「あなたは、賢い」「あなたは、頑張っている」「あなたは、上手だ」という言い方は、相手の態度や行動の評価を表すものである。それは、自分の立場に立って相手を評価し優劣の判断をしていることを、暗に相手に伝えてもいる。

これに対し、「あなたが仲間に親切にしているのを見て、私は嬉しい」「あなたが一生懸命頑張っているので、私は助かる」「あなたが仕事を上手にこなしているのを見て、私はすごいと思った」という言い方は、「私」の受け止め方や感じ方を表すもの。それは、相手の立場に立って共感し理解していることを、併せて相手に伝えている。

「ユー・メッセージ」には、「私」の気持ちや感情は入っていない。入っているのは、相手に対する評価や優劣の判断である。しかし、それらは相手が自分自身に下している評価や優劣の判断と一致しないこともある。また「あなたは、上手だ」といった場合でも、それをいった人は心のなかで「もっと上手にできたはずだ」と思っているかもしれない。これらのことは勇気づけとしてワークしていない。

これに対して「アイ・メッセージ」には、「私」の気持ちや感情が入っている。それらは、相手が自分自身に下している評価や優劣の判断とは直接、関わらないものである。自分の態度や行動から、相手がそれをどう受け止め、どう感じたかを知ることができる。これらのことは勇気づけとしてワークしていると考えられる。

命令口調や「ユー・メッセージ」をやめて、依頼口調や「アイ・メッセージ」を使って伝えると、それだけで相手に勇気を与えられるだろう。それが相手の立場を尊重し、ライフタスクに取り組む意欲を引き出す言葉による勇気づけとなるからだ。

◆足や腕を組んだ姿勢で話を聴くと

アドラーの教え⑳

言葉によらないノンバーバル・コミュニケーションは、言葉による勇気づけと共に用いることで、その効果が増してくる。勇気づけにおいて、自分の気持ちや感情を相手に伝えるという意味では、特に有効に働く。視線を合わせない、険しい口調で話す、足や腕を組んで聴く、そんなことはしないことである。

勇気づけのもう一つの方法は、言葉によらないノンバーバル・コミュニケーションによるもの。言葉にはよらない、仕草や態度などの身体的表現によって相手を勇気づける方法だ。表情は、相手に自分の気持ちを示す大切な役割を果たす。基本的に、優しく親和的な表情で相手に話しかけるべきだ。また深刻な話ならば、まじめな表情で聴くのがよい。

視線は、自分がどれだけ真剣に話をしているか、また話を聴いているかを、相手に示す役割を果たす。相手と視線を合わせるようにして会話をするのがよい。

声の調子（口調、抑揚、語調の強さ）は、相手に自分の感情を伝える役割をする。また、相手の感情に共感していることも示す。会話の内容に即して、言葉に思いを込めて伝えるようにするのがよい。

手の動きや姿勢は、自分がどのように話したり、相手の話を自分がどのように聴こうとしているかを示すもの。足を組んだり、腕組みをしたり、ふんぞり返った姿勢で話したり聴いたりすれば、相手は自分が軽く見られているとか、自分の話が拒絶されているように受け止めるだろう。腕を開き、少し前かがみの姿勢ならば、相手は自分自身が受け入れられていると感ずるだろう。

これらノンバーバル・コミュニケーションは、言葉による勇気づけとともに用いることで、その効果が増していく。通常のコミュニケーションでも有効なのだが、自らの気持ちや感情を相手に伝えるという意味では特に有効に働くので、コミュニケーションの内容に即してうまく使うことが大切である。

◆イチローの仕草に見えるやる気

アドラーの教え㊆

勇気づけは、その人に喜びや快感と共にやる気を引き起こす効果を持つ。やる気は、頭のなかでそれを出そうと念じても、簡単には出てこない。それは、実際に何か行動を起こすことによって出てくるものなのだ。

勇気づけは、人に喜びや快感をもたらすだけでなく、やる気を引き起こす効果も持つ。やる気はどうすれば出てくるかというと、実際に何か行動を起こすことによって出てくる。

たとえば、**イチロー**選手が左バッターボックスに立ったとき、必ず行う動作がある。ピッチャーに向かって右手でバットを垂直に突き出し、左手でユニホームに触れる一連の動作、いわゆるルーティーンである。彼は、この動作をとることでやる気を高めているのだ。

また、現役の頃の高見盛《たかみさかり》関が、制限時間一杯になって最後の仕切りに入る前に、自分の顔や胸をパンパンと叩く一連の動作をしていたのも、ラグビーの五郎丸歩《ごろうまるあゆむ》選手が、ボールをキックする前に膝をそろえて中腰になり、両手の人差し指を合わせて祈るようなポーズをとるのも同じ意味を持っている。

子どもが勉強に入る前に、たとえば筆記用具をそろえる、次に教科書を広げる、そして鉛筆を持って簡単な問題から解き始めるといった一連の行為をとるのも、やる気を高める方法の一つ。つまり、こうした自分で決めた一連の行為によって、人はやる気を引き起こすことができるのだ。

「初めに行動ありき」――これがやる気を引き起こすコツである。

仕事をしようと思ってもやる気が出ないで悩んでいる人が取り組むべきことは、自分でできる行動をまず起こすことである。やる気がなくても何かを始めると、「不思議と調子が出てきた」「何か楽しい」といった気持ちが出てきて、そのままやり続けるということが起こる。

現場に行くのは嫌だったけれど、いざその場に着くと、なぜかやる気が出てきた。部屋を片付けるのは面倒くさいと思いながらも、いざ始めてみるとノリノリになって片付けられた。

やる気が出ないときには、何かをやる前に「いつも行う行動パターン」を決めておいて、まずやってみる、あるいは「比較的容易にやれること」から始めてみるなど、一歩だけ前に踏み出すことで、やる気の芽が出てくる。この一歩を踏み出さないと、やる気は起こらず、いつまでも調子が出てこない。頭のなかでやる気を出そうといくら念じても、簡単には出てこないものなのだ。

家庭での親、学校での教師、そして職場での上司は、人が行動することによってやる気を引き出すよう勇気づけるべきだ。その際、単に知識として理解させるのではなく、勇気づけによって実際に行動を起こすようにさせることが意欲を高めるためには大切。このことを勇気づける人は特に意識しておく必要がある。

終章　人生の幸せ——幸せに生きるには条件がある

◆人生を幸せに生きる二つの条件

アドラーの教え㉜
人生を幸せに生きる条件とは、一つは自分の持っている能力を発揮できることであり、もう一つはそれが他の人のためになっていることである。人生の幸せは、人に与えたものが自分の元に返ってくるようにしてもたらされるものなのだ。

人生の意味が、自分のライフスタイルに沿ってライフタスクを達成することにあるとすれば、どのように生きれば人は幸せになることができるのだろうか。この問いに対する答えは二つにまとめられる。

一つは、自分の持っている能力を発揮できることであり、もう一つは、それが他の人のためになっていると感じられることである。つまり、人生を幸せに生きるには、他の人を幸せにすることが大切であり、そのためにも努力して能力を獲得し、それを自分のため、そして他の人のために発揮することが大切なのだ。

人生の幸せは、人に与えたものが自分の元に返ってくるようにしてもたらされるものだ。

まさに、ブーメランのように——。

私たちは、自分の能力を発揮するために幼いときから家庭や学校、そして地域社会で多くのことを学びとっていく。そして、それを自らのライフタスクに取り組むなかで使用し、自信を獲得していく。これが人生を幸せに生きる一つの条件である。従って、「自分には何もできない」と自信を持てない人は、決して人生を幸せに生きていると感ずることはないだろう。

人生を幸せに生きるもう一つの条件は、自分の能力を発揮することが誰かのためになっていると感じられること。すなわち、自分は他の人の役に立っているという貢献感が、人生の幸せの大切な条件なのである。従って、自分の能力が誰かの役に立ってはいない、それどころか迷惑をかけていると思っている人は、決して人生を幸せに生きていると感ずることはないだろう。

レフ・トルストイは、「人間が幸福であるために避けることのできない条件は、勤労である。そして、人生にはただ一つだけ疑いのない幸福がある。それは、人のために生きることである」といっている。

自分の能力を活かして働き、それが他人のためになっていれば、人生の幸福を感ずることができるのだ。

◆幸せになれない三種類の人々

アドラーの教え㊸

自分自身の幸福と人類の幸福のために最も貢献するのは、共同体感覚である。それゆえ、人生の問題のすべての答えは、この結びつきを考慮に入れなければならない。自分のことばかり考えてはいないだろうか。奪う人、支配する人、逃げる人、これらの人は幸せになることができないだろう。

自分の能力を発揮し、それが人のためになることが人生を幸せに生きる条件だとすれば、その幸せを獲得するにはどうしたらよいのか。この問いに対しては、自分自身と人類の幸福のために最も貢献するのは共同体感覚であり、人生の問題のすべての答えは、この結びつきを考慮に入れなければならない、そう答えておきたい。

確かに、人生を幸せに生きている人のライフスタイルは、必ずコモンセンスと一致しており、歪んだ私的理論に基づくライフスタイルでは幸せになることはできない。その人の共同体感覚がコモンセンスと一致していれば、自分の能力を発揮することが誰か他の人の役に立っていると確信することができるだろう。

詩人の**ヨハン・ヴォルフガング・フォン・ゲーテ**も、「支配したり、服従したりしないで、それでいて何者かであり得る人間だけが、本当に幸福であり、偉大なのだ」といっている。

従って、私的理論からなるライフスタイルを持っている人は、決して人生を幸せに生きていると感ずることはないのである。自分のことばかり考えてはいないだろうか。奪う人、支配する人、逃げる人、これらの人は幸せになることができないはずだ。

それでは、このような人が自分の人生を好転させるには、どうしたらよいのだろうか。それには共同体感覚を高めることが何よりも大切だといえる。それができれば、幸せになろうとする意識が強くなってくるのだ。

◆ただ一人の人への貢献でもよい

アドラーの教え㉔

自分だけでなく、仲間の利益を大切にすること。受けるよりも多く、相手に与えること。それが、幸福になる唯一の道である。与えよ、そうすれば与えられるだろう。

正しい共同体感覚を持つことで、人はライフタスクを達成することができる。この共同体感覚は、他者に対する貢献を積み重ねることで作り上げられる。

私たちは、共同体のなかで自分の居場所を確保し、共同体の一員としての地位と役割を持たなければならない。そのためには、他者に貢献することが大切なのだ。継続してそれを行うことで、人は他者から感謝され信頼されるようになっていく。そして、その結果として今度は他者から援助され、協力されるようになるのだ。

「求めよ、さらば与えられん」とはイエスの言葉であるが、共同体感覚の立場からいえば、「与えよ、さらば与えられん」ということになるだろう。

「自分には居場所がない」「他の人は自分のことになど無関心だ」「自分は人の役には立てない」などと、集団や他者との関係が希薄だと感じている人こそ、集団や他者に貢献することを始めるべきだ。

苦しみから抜け出す方法はただ一つ。他の人を喜ばせることだ。自分に何ができるかを考え、それを実行すればよい。他の人を喜ばせることは、立派な貢献なのである。

周りの人に自分ができる小さな貢献を継続的にしていくことで、少しずつ人生の幸せへと近づく。それは、ただ一人の人に対する貢献でもよい。

マザー・テレサも、「もし、一〇〇人を養えないのであれば、ただ一人を養いなさい」といっている。他者に対する貢献は、多くの人へであってもよいが、自分にとって最も大切な一人の人へであってもよいのだ。

◆対人関係能力が決める人生の幸せ

アドラーの教え⑮

人間に求めることとは、優れた仕事仲間であり、すばらしい友人であり、愛と結婚における真のパートナーであってほしいということ。仕事、交友、愛の三つのライフタスクに関わる人間関係が、人生の幸せを決めているからだ。

私たちはみな、仕事、交友、愛の三つのライフタスクを果たすために生きている。この三つの課題を貫いているのが人間関係であることは、すでに見てきたところだ。従って、どのような人間関係のもとにライフタスクを達成していくかが、人生の幸せを決める要素の一つといってよいだろう。

たとえば、職場のなかで上司と部下、あるいは同僚との人間関係をうまく作り、一緒に仕事をしていくには、他の人の考えや感情を読み取り、それを理解し共感する能力が欠かせない。この対人関係能力は、家庭での親子関係、学校での友人関係、パートナーとの愛情関係の、どの人間関係においても欠くことのできないものである。

私たちが幸せな人生を送るためには、ライフタスクを果たしていくことが重要だが、その達成は人間関係の持ち方にかかっている。新しい人間関係を作り上げていく、作った関係を維持し広げていく、さらに壊れかかっている関係を修復したり作り直していくことは、三つのライフタスクに取り組む途上で常にある。そして、これら人間関係の調整力、言い換えれば対人関係能力が、その人の人生の幸せを決めていくのである。

◆幸せを決める「課題の分離」とは

アドラーの教え76

あなたが悩んでいる課題は、本当にあなたの課題だろうか。その課題を放置した場合に困るのは誰か、冷静に考えてみることだ。自分に責任のない課題、あるいは責任を持てない課題をあえて引き受ける必要はない。もし引き受けてしまえば、自分のためにも、また相手のためにもならないからだ。

その課題は誰の課題かということを、常に自分に問いかけてみることが大切だ。というのは、家庭でも、学校でも、そして職場でも、私たちは自分で気づかぬうちに他者の課題を自分のものとして引き受けてしまうことが多いからである。他者が解決すべき困難な課題を自分のものにしてしまっているのだ。

その課題が誰のものかは、最終的にその課題の責任を取るのは誰かを考えればわかる。たとえば、仕事がうまくはかどらなくてイライラしている部下がいるとする。気持ちがイライラするのをなんとか抑えたいという課題は、部下の課題。仕事の仕方を変える、誰かに協力してもらう、あるいは気分転換のために休憩するなど、課題を解決するために工夫《くふう》をする責任があるのは、部下なのである。

一方、仕事がはかどらなくてイライラしている部下を見て、そのことが気になるとすれば、それは上司である自分の課題になる。気になることを解決しようとして、仕事のやり方を変えさせる、誰かに協力させる、少し休ませるなどの指示を出す責任のあるのは、上司である自分だ。

しかし、「仕事のせいでイライラしているのは部下の課題で自分の課題ではない」と気にしなければ、それはそれでよい。自分に責任のない課題、あるいは責任を持てない課題をあえて引き受ける必要はない。自分の課題に責任を負うだけでも大変なことなのに、他人の重荷を背負う必要などないのである。

このように、自分の課題と他者の課題をしっかり分けることを意識してしなければならない。このことを「課題の分離」という。

私たちは万能ではない。自分の課題を解決するにも、体力、知力、気力の大きなエネルギーが必要である。そのようなときに他者の様子を見て、助けてほしいと思っているのではないかなどと勝手に判断し、求められてもいないのに他者の課題にまで足を踏み入れないことだ。そのことは同時に、自分の課題に他者を介入させないことをも意味している。

それが他者の課題であると判断したならば、その解決はその人自身に任せるべきだ。もし引き受けてしまえば、結局、自分のためにも、また相手のためにもならない。困難な課題に打ち克つその人の勇気をくじくことになるからだ。

相手の課題に関わらなかったからといって責任を感ずる必要はない。課題を明確に分離することが、おたがいの関係を良好に保つためにも大切なのである。

ただ、人は自分の課題を自分だけでは解決できないこともある。そのようなときは、その人からの援助や協力の依頼を受けたうえで、必要な範囲でそれに応えていく。

職場でも家庭でも、誰かの援助や協力を得なければ課題をうまく解決できないことはある。その場合は、その課題についてよく話し合い、援助や協力が必要かどうかを判断する。その結果、援助や協力の必要がある場合は、共同の課題として解決していく。

このように考えると、課題の分離は、人間関係を断つものではなく、人間関係を作り上げる役割を持つものだといえる。

本来、個人の課題は、その人自身の責任において解決しなければならない。共同の課題にする場合は、それを依頼し、共同の課題として了承される手続きをとることが大切だ。他者に課題の解決を依頼するのは自立していないとみなされがちだが、必ずしもそうとはいえない。本当に自立している人は、他者との良好な関係を構築しており、相互に信頼する関係を持っているので、他者に援助や協力を求めることも、また他者を援助し協力することもできる人なのである。

その意味で、真に自立している人は、課題の分離のできる人だということができる。まず、自分の課題は自分で解決する。勝手に他者の課題を抱え込まない。自分の課題ではないことで悩みを抱え込まない。しかし、必要のある場合は、共同の課題として解決に協力する。自立している人は、このスタンスを適宜《てきぎ》、柔軟にとることができる。

課題の分離がうまくできるようになったとき、それは人生を幸せに生きることへの第一歩を踏み出したことになる。

◆ありのままの自分を認める勇気

アドラーの教え㊆
他人の評価に左右されてはならない。ありのままの自分を受け止め、不完全さを認める勇気を持つことだ。それができれば、自分も変わり、幸せに一歩近づくことができるだろう。

私たちは共同体のなかで多くの人と生活を共にしている。従って、どうしても他の人たちが自分をどう見ているか、どう評価しているかが気になる。

しかし、しっかりした共同体感覚を持ち、自分のライフスタイルによってライフタスクに取り組んでいる人、すなわち勇気のある人は、他人の評価を気にしない。少なくとも、それによって左右されることはないのである。

他人の評価を気にしないことは、他人から嫌われるリスクも生む。しかし、勇気のある人は、自分が社会に、また他の人に貢献しているという感覚に自信を持っているので、他人の評価をいちいち気にすることはない。「嫌われる勇気」を併せて持っているのだ。

一方で、勇気のない人は自分の欲求を優先し、他の人のことは二の次だと考える。だから自分が他の人に貢献しているかどうかより、自分が他の人からどう見られているかを気にするのだ。勇気のない人は、嫌われる勇気も持っていないのである。

他の人からどう見られているかより、ありのままの自分でいいのだということに気づくことが、勇気を持つことの始まりであり、またそのことに気づかせるのが勇気づけるということなのだ。

私たちは、他者の期待に応えるためだけに生きているのではない。ありのままの自分でよいのだと思えるようになれば、他人の評価をそのつど気にすることはなくなり、また人と比べて自分を評価する必要もなくなる。本来の自分の姿、自然体に戻ることができるからである。

ありのままの自分が好きになれなくて、人生の幸せを感ずることなどできない。

しかし、ありのままの自分でよいと思えるようになるのは、そう簡単なことではない。「いまの自分はそのままでよい」と、どうしても思えない人はたくさんいる。それもまた事実である。いまのままの自分を受け入れることができないと思っている人は、それではどうしたらよいのだろうか。

「醜くても、美しくても、妬《ねた》んでも、嫉妬《しっと》しても、いつもありのままでいて、それを理解する。しかし、ありのままでいることはとても困難なことである。なぜなら、あなたはありのままは卑怯《ひきょう》だし、ありのままを高尚《こうしょう》なものに変えることができればすばらしいと考えるからだ。そうではなく、実際のありのままを見つめて理解するならば、まさにその理解のなかに変革があるのだ」といったのは、哲学者**ジッドゥ・クリシュナムルティ**であった。

ありのままの自分を受け入れることは、現状のままでよい、何も変える必要はないと受け止めることではない。ありのままの自分を受け入れることで、不完全な現在の自分を認め、その自分を素直に見つめることができるようになるのだ。

そのことが自分を変革していく好機になる。ただ存在するだけでなく、人に貢献できる存在になる。そのような自分になる変換点となるのだ。

ありのままの自分を受け入れている人は、自分が他の人からどのように見えているかを知っている人でもある。まさに、自分の不完全さを認める勇気を持っている人なのだ。

できない自分を責めている限り、その人は永遠に幸せになれないだろう。いまの自分を認める勇気を持つ者だけが、本当に強い人間になれる。ありのままの自分を受け入れる勇気が自分を変え、そして人生の幸せを決めていくのである。

おわりに——自分の人生を拓き幸せに生きる術

本書では、アドラーの教えを七つのキーワードに関わる彼自身の言葉として分析し、解説してきた。

人は、本来「劣等感」を持つ存在である。その劣等感を補償するために、自分で「目標」を決定する。この目標は、自分の意思による「自己決定性」として設定される。目標の達成には、その人の「ライフスタイル」を用いて取り組むが、ライフスタイルと共同体の価値が合致してできる「共同体感覚」が、その達成の成否に大きく影響する。

人生には、仕事、交友、愛という三つの「ライフタスク」があり、それぞれの課題には自らの共同体感覚を基礎にして取り組まなければならない。その過程で、「勇気づけ」は課題に取り組む意欲を高め、不適切なライフスタイルを修正して、課題の達成に貢献する。

三つのライフタスクのそれぞれの課題を一つずつ達成しながら自己成長し新しいステージに立つのだが、そこにはまた新たな劣等感が生じてくる。そして次の循環が、「人生の幸せ」という最終目標に向かって、螺旋《らせん》階段を昇るように始まるのである。

二〇一五年のノーベル医学生理学賞は、北里《きたさと》大学の**大村智**《おおむらさとし》特別栄誉教授に授与された。彼の発見した微生物由来の有機化合物から開発されたイベルメクチンが、アフリカや中南米などにおいて多くの人々を苦しめてきた寄生虫による感染症の薬として優れた効果があり、その治療と予防に多大な貢献をしたことが評価されたものであった。

一〇月五日、受賞発表直後の会見における大村氏の発言のなかで、印象に残る次のような言葉があった。

「人のために少しでも何か役に立つことはないか、微生物の力を借りて何かできないか。それを絶えず考えておりました」

「どちらが世の中、人のためになるか。分かれ道に立ったときは、いつもこれを基準にしてきました」

——これらの言葉のなかに、大村氏の共同体感覚の神髄を見るような思いだった。第四章において紹介した、「共同体感覚のある人は他者の利益のために行動する」「判断に迷ったときはより大きな集団の利益を優先する」などのアドラーの教えが、そのまま大村氏の言葉として語られていたからである。

そして、大村氏の生き方は、終章において紹介した「人生を幸せに生きる条件」をまさに満たすものであったと思う。従って大村氏のこれまでの人生は、悩みや不安も多かっただろうけれども、幸せなものだったにちがいない。それが、八〇歳の年にノーベル賞の受賞という最高の形で実現したのだと思う。

アドラーの教えは、人生を幸せに生きる指針を与えてくれるものなので、現代においても自己啓発や自己変革の教えとして大きな影響力を持つことになった。アドラーの教えは、心に病を持つ人だけでなく、一般の人が持つ悩みや不安についても、それにどう取り組めばよいかという考え方と方法を提供している。それが、現代に生きる多くの人の関心と支持を呼んでいるのだと思う。

本書では、アドラーの教えが持つ自己啓発と自己変革の力の秘密について、アドラー自身の言葉を通して考え、解き明かしてきた。読者がアドラーの教えについて理解し、「どうすれば自分の人生を最高に生きることができるのか」について自分で答えを見つけ出し、その力で自らの人生を拓き幸せに生きてもらうことができれば、本書の目標は達せられたことになる。

本書を書き上げるためにアドラー自身の著書とともに、アドラー研究家の著書も参考にさせていただいた。それらのなかで主なものは、邦文のみだが、巻末に挙げさせていただいている。ここに記して、感謝の意を表する次第である。

また、講談社の間渕隆氏には、本書をまとめるように勧めていただいた。間渕氏の編集による本は、今回で三冊目となる。的確でメリハリの利《き》いた編集によって、本書でも新たな切り口が生まれてきたように思っている。心よりお礼を申し上げたい。

そして、本書の作成は、妻福江の献身的な協力がなければ成し遂げられなかったと思っている。最後になるが、感謝の気持ちを「ありがとう」という言葉にして贈りたいと思う。

二〇一六年四月

永江《ながえ》誠司《せいじ》

主な参考文献

A・アドラー　岸見一郎（訳）『人間知の心理学』（アルテ）
A・アドラー　岸見一郎（訳）『生きる意味を求めて』（アルテ）
A・アドラー　岸見一郎（訳）『性格の心理学』（アルテ）
A・アドラー　岸見一郎（訳）『人生の意味の心理学〈上〉〈下〉』（アルテ）
A・アドラー　岸見一郎（訳）『個人心理学の技術〈I〉〈II〉』（アルテ）
A・アドラー　岸見一郎（訳）『個人心理学講義』（アルテ）
A・アドラー　岸見一郎（訳）『子どものライフスタイル』（アルテ）
A・アドラー　岸見一郎（訳）『子どもの教育』（アルテ）
A・L・チュウ　岡野守也（訳）『アドラー心理学への招待』（金子書房）
R・ドライカース　宮野栄（訳）『アドラー心理学の基礎』（一光社）
E・ホフマン　岸見一郎（訳）『アドラーの生涯』（金子書房）

G・J・マナスター他（編）　柿内邦博他（訳）『アドラーの思い出』（創元社）
R・W・ランディン　前田憲一（訳）『アドラー心理学入門』（一光社）
岩井俊憲　『人生が大きく変わるアドラー心理学入門』（かんき出版）
岸見一郎　『アドラー心理学入門　よりよい人間関係のために』（KKベストセラーズ）
岸見一郎・古賀史健『嫌われる勇気　自己啓発の源流「アドラー」の教え』（ダイヤモンド社）
古庄高『家庭と学校に活かすアドラー心理学』（二瓶社）

永江誠司

1949年、島根県に生まれる。福岡教育大学名誉教授、文学博士(広島大学)。トロント大学エリンデール校神経心理学教室・ボストン大学医学部失語症研究所客員研究員(1997 ～ 98年)。専門は、発達心理学、神経心理学。
著書には、『社会脳SQの作り方　IQでもEQでもない成功する人の秘密』『世界一の子ども教育モンテッソーリ　12歳までに脳を賢く優しく育てる方法』(以上、講談社+α新書)、『子どもの脳を育てる教育　家庭と学校の脳科学』(河出書房新社)、『教育と脳――多重知能を活かす教育心理学』(北大路書房)などがある。

講談社+α《プラスアルファ》新書　508-3 C

アドラー珠玉《しゅぎょく》の教《おし》え
自分の人生を最高に生きる77のヒント
永江誠司《ながえせいじ》

2016年4月20日第1刷発行

発行者――――鈴木 哲
発行所――――株式会社 講談社
東京都文京区音羽2-12-21 〒112-8001
電話 編集(03)5395-3522
販売(03)5395-4415
業務(03)5395-3615

カバー写真――――アフロ
デザイン――――鈴木成一デザイン室
本文組版――――朝日メディアインターナショナル株式会社
カバー印刷――――共同印刷株式会社
印刷――――慶昌堂印刷株式会社
製本――――牧製本印刷株式会社

ISBN978-4-06-272936-9

講談社+α新書

書名	副題	著者	内容	価格	番号	
テレビに映る北朝鮮の98%は嘘である	よど号ハイジャック犯と見た真実の裏側	椎野礼仁	よど号ハイジャック犯と共に5回取材した平壌…煌やかに変貌した街のテレビに映らない嘘!?	840円	669-1	C
50歳を超えたらもう年をとらない46の法則	「新しい大人」という50+《フィフティプラス》世代はビジネスの宝庫	阪本節郎	「オジサン」と呼びかけられても、自分のこととは気づかないシニアが急増のワケに迫る！	880円	670-1	D
常識はずれの増客術		中村元	資金がない、売りがない、場所が悪い……崖っぷちの水族館を、集客15倍増にした成功の秘訣	840円	671-1	C
イギリス人アナリスト 日本の国宝を守る	雇用400万人、GDP8パーセント成長への提言	デービッド・アトキンソン	日本再生へ、青い目の裏千家が四百万人の雇用創出と二兆九千億円の経済効果を発掘する！	840円	672-1	C
イギリス人アナリストだからわかった日本の「強み」「弱み」		デービッド・アトキンソン	日本が誇るべきは「おもてなし」より「やわらか頭」！ はじめて読む本当に日本のためになる本!!	840円	672-2	C
三浦雄一郎の肉体と心	80歳でエベレストに登る7つの秘密	大城和恵	日本初の国際山岳医が徹底解剖!! 普段はメタボ…「年寄りの半日仕事」で夢を実現する方法!!	840円	673-1	B
回春セルフ整体術	尾骨と恥骨を水平にすると愛と性が甦る	大庭史榔	105万人の体を変えたカリスマ整体師の秘技!! 薬なしで究極のセックスが100歳までできる！	840円	674-1	B
「腸内酵素力」で、ボケもがんも寄りつかない		髙畑宗明	アメリカでも酵素研究が評価される著者による腸の酵素の驚くべき役割と、活性化の秘訣公開	840円	676-1	B
実録・自衛隊パイロットたちが目撃したUFO	地球外生命は原発を見張っている	佐藤守	飛行時間3800時間の元空将が得た、14人の自衛官の証言!! 地球外生命は必ず存在する！	890円	677-1	D
臆病なワルで勝ち抜く！	日本橋たいめいけん三代目「100年続ける」商売の作り方	茂出木浩司	色黒でチャラいが腕は超一流！ 創業昭和6年の老舗洋食店三代目の破天荒成功哲学が面白い	840円	678-1	C
「リアル不動心」メンタルトレーニング		佐山聡	初代タイガーマスク・佐山聡が編み出したストレスに克つ超簡単自律神経トレーニングバイブル	840円	680-1	A

表示価格はすべて本体価格（税別）です。本体価格は変更することがあります

講談社+α新書

75・5%の人が性格を変えて成功できる
心理学×統計学「ディグラム性格診断」が明かす〈あなたの真実〉
木原誠太郎×ディグラム・ラボ
怖いほど当たると話題のディグラムで性格タイプ別に行動を変えれば人生はみんなうまくいく
880円 704-1 A

10歳若返る! トウガラシを食べて体をねじるダイエット健康法
松井 薫
美魔女も実践して若返り、血流が大幅に向上!! 脂肪を燃やしながら体の内側から健康になる!!
840円 708-1 B

「絶対ダマされない人」ほどダマされる
多田文明
「こちらは消費生活センターです」「郵便局です」……ウッカリ信じたらあなたもすぐエジキに!
840円 705-1 C

熟成・希少部位・塊焼き **日本の宝・和牛の真髄を食らい尽くす**
千葉祐士
牛と育ち、肉フェス連覇を果たした著者が明かす、和牛の美味しさの本当の基準とランキング
880円 706-1 B

金魚はすごい
吉田信行
かわいくて綺麗なだけが金魚じゃない。金魚が「面白深く分かる本」金魚ってこんなにすごい!
840円 707-1 D

なぜヒラリー・クリントンを大統領にしないのか?
佐藤則男
グローバルパワー低下、内なる分断、ジェンダー対立。NY発、大混戦の米大統領選挙の真相。
880円 709-1 C

ネオ韓方 女性の病気が治るキレイになる「子宮ケア」実践メソッド
キム・ソヒョン
元ミス・コリアの韓方医が「美人長命」習慣を。韓流女優たちの美肌と美スタイルの秘密とは!?
840円 710-1 B

中国経済「1100兆円破綻」の衝撃
近藤大介
7000万人が総額560兆円を失ったと言われる今回の中国株バブル崩壊の実態に迫る!
760円 711-1 C

会社という病
江上 剛
人事、出世、派閥、上司、残業、査定、成果主義……。諸悪の根源=会社の病理を一刀両断!
850円 712-1 C

GDP4%の日本農業は自動車産業を超える
窪田新之助
2025年には、1戸あたり10ヘクタールに!! 超大規模化する農地で、農業は輸出産業になる!
890円 713-1 C

中国が喰いモノにするアフリカを日本が救う
200兆円市場のラストフロンティアで儲ける
ムウェテ・ムルアカ
世界の嫌われ者・中国から〝ラストフロンティア〟を取り戻せ! 日本の成長を約束する本!!
840円 714-1 C

表示価格はすべて本体価格(税別)です。本体価格は変更することがあります